佛教小百科
◎历史◎

【业露华◎著】

上海科学普及出版社

图书在版编目（CIP）数据

佛教小百科. 历史 / 业露华著. —上海：上海科学普及出版社，2011.1
ISBN 978-7-5427-4720-4
I. ①佛… II. ①业… III. ①佛教史-中国 IV. ① B949.2
中国版本图书馆 CIP 数据核字（2010）第 229724 号

出　　版：	上海科学普及出版社
	（上海市中山北路 832 号　200070）http://www.pspsh.com
制　　作：	日知图书（www.rzbook.com）
印　　刷：	北京联兴盛业印刷股份有限公司
发　　行：	上海科学普及出版社
开　　本：	16 开（787×1092）
印　　张：	12 印张
字　　数：	150 千字
标准书号：	ISBN 978-7-5427-4720-4
版　　次：	2011 年 1 月第 1 版　2011 年 1 月第 1 次印刷
定　　价：	49.00 元

◎如发现印装质量问题，影响阅读，请与印刷厂联系调换。

前言

历史

佛教起源于公元前6至5世纪时的印度，其创立者为乔达摩·悉达多。大约在公元前3世纪印度孔雀王朝的阿育王统治时期，佛教成为印度的国教，并开始向印度周边国家发展。佛教从此走向世界，逐渐发展成为一个世界性的宗教。

到了公元13世纪，佛教在印度已经基本消亡。佛教虽然在印度渐渐消亡，但在世界其他地方却得到了发展，特别是大乘佛教传入中国后，在与中国传统思想互相交汇融合后，得到了迅速的发展。佛教传入汉地的时间开始是在公元纪元前后，即中国两汉之际。近年来，随着佛教研究的深入，关于汉哀帝时佛教正式传入汉地的说法渐渐被人们接受，1998年中国佛教协会进行了大规模的纪念活动，纪念佛教传入中国两千年。

佛教传入中国以后，不断协调着与中国社会和中国传统思想文化的关系，最后形成了具有中国特点的中国佛教，并形成了一些各有特色的中国佛教宗派。中国汉地所传的大乘佛教还影响到日本、朝鲜半岛、越南等亚洲的一些国家和地区，形成了一个所谓的"中国佛教文化圈"。因此可以说，佛教虽然诞生于印度，但中国是佛教发展的第二故乡。

中国佛教有着丰富的历史和文化内涵。这一点是现在世界上任何一个佛教流行的国家所不能相比的。从佛教的发展历程和流传来看，佛教从印度向世界各地的传播，主要分南传和北传两条路线。南传佛教以巴利文经典为主，北传佛教则以梵文经典为主。北传佛教又可分为汉语系和藏语系两大支，而中国佛教则包括了南传和北传中全部的汉、藏、巴利语三大系统的佛教。

佛教在中国发展两千多年，对中国社会的政治、经济、思想、文化以及民风民俗等各方面都产生了极为深刻的影响。佛教的思想文化已经成为中国传统思想文化的一个组成部分，佛教艺术是中华民族艺术宝库中的瑰宝。当代，中国正进入一个新的历史发展时期，在经济和政治发展的同时，文化发展也是时代赋予我们的使命。文化发展包括继承和发扬民族历史上优秀的文化遗产，其中当然包括中国佛教文化中的优秀遗产。我们有责任和义务对祖先留下的这份文化遗产进行整理和研究，使它在今天新的社会条件下发挥新的作用。

目录 佛教小百科

什么是佛教，创始者是谁？	8
佛教的基本教义是什么？	10
释迦牟尼是怎样创立佛教的？	12
释迦牟尼一生主要在哪些地方进行活动？	16
什么是种姓制度，当时印度有哪些种姓？	18
原始佛教为什么会发生分裂？	20
"上座部"佛教有哪些派别？	22
"大众部"与"上座部"有什么区别？	24
什么是大乘佛教与小乘佛教？	26
什么是中观派，代表人物是谁？	28
什么是瑜伽行派，其代表人物是谁？	30
什么是密教，它有什么特点？	32
佛教史上有几次重大结集？	34
阿育王对佛教的传播有何贡献？	36
迦腻色迦王在佛教史上起过什么作用？	38
南传佛教与北传佛教有何区别？	40
佛教何时传入斯里兰卡？	42
佛教何时传入缅甸？	44
《岛史》和《大史》是怎样的书？	46
佛教何时传入中国？	48
《四十二章经》是怎样一部经？	50
汉代佛经翻译有哪两大系统？	52
《牟子理惑论》是怎样一部书？	54
佛教何时开始传入江南地区？	56
"敦煌菩萨"因何得名？	58

目录
"般若学"在魏晋时期为何流行？……………… 60
魏晋时期般若学的"六家七宗"是指哪几家？……… 62
《肇论》是一本什么样的书？……………………… 64
"生公说法，顽石点头"是怎么回事？…………… 65
慧远在中国佛教史上地位如何？………………… 66
什么是"白莲社"？………………………………… 68
鸠摩罗什翻译了哪些佛经？……………………… 69
梁武帝"舍身入寺"是怎么回事？………………… 70
"三武一宗"之难指什么？………………………… 72
北魏太武帝为何灭佛？…………………………… 74
什么是"僧官制度"？……………………………… 76
第一个西行求法的人是谁？……………………… 78
法显西行取经有什么贡献？……………………… 80
真谛在华译过哪些重要经典？…………………… 82
"唐僧取经"是怎么回事？………………………… 84
义净是怎样一个人？……………………………… 86
天台宗是怎样创立的？…………………………… 88
"山家"派、"山外"派各指什么？………………… 90
"三论宗"主要研习哪三论？……………………… 92
一度盛行的三阶教是谁创立的？………………… 93
华严宗由谁创立，其基本思想是什么？………… 94
法相宗的基本思想是什么？……………………… 96
"开元三大士"是指谁？…………………………… 98
为什么说律宗是"由小入大"？…………………… 99
净土宗是怎样形成的，主要特点是什么？……… 100

"极乐世界"是怎么回事?	102
武则天为什么支持佛教?	104
达摩"面壁九年"是怎么回事?	106
"六祖"慧能是怎样一个人?	108
神会在禅宗发展史上有什么贡献?	110
禅宗"五家七宗"是指哪几家?	111
明代的"四大高僧"是哪四位?	112
金陵刻经处创立于何时,由谁创立?	114
支那内学院在中国近代佛教史上起了什么作用?	116
太虚是怎样一个人?	117
近代佛教史上有哪些著名僧人?	118
为什么有人说近代佛教是"居士佛教"?	120
"大藏经"指的是什么?	122
"度牒"制度什么时候产生的?	126
什么叫"清规戒律"?	127
《法华经》是怎样一部佛经?	128
什么叫"净土三经"?	132
《华严经》是怎样一部经?	134
"般若经"的主要内容是什么?	136
《涅槃经》在中国佛教史上有什么影响?	138
中国佛教徒的著作中,唯一被尊为"经"的是哪一部?	139
《金刚经》是一部怎样的经?	140
《苏悉地经》是一部怎样的佛经?	141
《楞伽经》是怎样的一部经书?	142
《大日经》是怎样一部经?	146

目录　佛教　小百科

目录

佛教小百科 ◎历史◎

- 《金刚顶经》是怎样的一部经典? ……………………… 148
- 《大乘起信论》是怎样的一部书? ……………………… 150
- 《洛阳伽蓝记》是怎样一部书? ………………………… 152
- 南朝梁僧人僧祐汇编的《弘明集》是怎样一部著作? … 154
- 韩愈为什么写《谏迎佛骨表》? ………………………… 158
- 维摩诘是怎样一个人? …………………………………… 160
- 什么叫"菩萨"? ………………………………………… 162
- 佛经中有哪些著名的菩萨? ……………………………… 164
- 什么是"罗汉"? ………………………………………… 166
- "四大名山"是哪几座? ………………………………… 168
- 大肚弥勒像到底是谁? …………………………………… 170
- 济公是否确有其人? ……………………………………… 171
- 中国佛教有哪些主要节日? ……………………………… 172
- 僧人聚居的地方为何称做"寺"? ……………………… 173
- 敦煌藏经洞是怎么发现的? ……………………………… 174
- 什么是敦煌学? …………………………………………… 176
- 八思巴是怎样一个人? …………………………………… 178
- 藏传佛教是何时形成的? ………………………………… 180
- "顿、渐之争"是怎么回事? …………………………… 182
- 藏传佛教有哪几个主要派别? …………………………… 184
- 宗喀巴对藏传佛教有何贡献? …………………………… 186
- 什么是活佛,他是如何转世的? ………………………… 188
- 达赖和班禅的称号是怎样形成的? ……………………… 190

什么是佛教，创始者是谁？

"佛"是梵语"佛陀"的音译略称。中国古代典籍中，"佛陀"一词有时又译作"浮图"、"浮屠"等。其本意是指"觉者"、"觉悟者"之意，泛指一切"觉悟"了人生真谛，掌握了佛教所说的最高真理，证得了佛教修行的最高境界者。具体则是指释迦牟尼佛，即佛教的教主。

"法"，梵文音译为"达摩"、"达磨"或"昙无"等。"法"一词包含两层意思：一层意思是指事物的规范或规律，人们可以通过这些规范或规律，对事物加以认识。另一层意思是指事物的自性或本质，正是由于这些事物的自性和本质，才决定了各种不同事物之间的差异，使世界呈现出多姿多彩的各种形象。因此，从某种意义上来讲，所谓"法"，概括了宇宙间一切事物的现象和本质。佛经中经常说的"一切法"、"三世诸法"、"世间法"等，就是这个意思。此外，"法"这个词在许多场合，就是指佛法，指佛所说的教义理论，也就是人们常说的"佛法"。而佛教的经典，因为记载了佛陀的教法，所以一般也被称为"法宝"。

"僧"，是指信奉佛法并依法出家修行，并且继承和弘扬佛教教义

佛教是由佛陀释迦牟尼所创立的一种宗教，它包括以下内容：信奉佛的言教，按照佛的教导去实践和修行的信徒所组成的宗教团体；内容为佛的言教以及阐述和发挥佛的教义思想的宗教经典；信徒所奉行的教规和仪式。佛教将这些概括为佛、法、僧三个最基本的内容。

清代释迦牟尼铜像
乔达摩·悉达多是佛教的创始者，修行成道后被尊为"释迦牟尼"，意为"释迦"族的"圣人"。

的佛教信徒。僧是梵文"僧伽"的音译略称,意思是"和合众"、"法众"。《释氏要览》解释:"梵语具言僧伽,唐言众。今略称僧也。"由此可见,僧的最初意思就是众。《中阿含经》中说:"有若干姓异名异族异,剃除须发,着袈裟衣,至信舍家,从佛学道,是名众。"因此,出家修行的佛弟子被称为"僧"。

佛教的创始者为乔达摩·悉达多。一般认为他出生于公元前565年,逝世于公元前486年,约当中国春秋时期。相传他自幼受传统的婆罗门教育,29岁时因寻求解脱之道而出家,经过6年苦行,最后终于悟道成佛,并创立了佛教。佛教在印度,大约经历了原始、部派、小乘、大乘、密教等发展时期。约公元前3世纪,印度孔雀王朝的阿育王时,佛教开始向印度以外的国家和地区传播,并逐步发展成为一个世界性的宗教。目前世界上信奉佛教的人口有2亿多,主要分布于亚洲各国,近年来欧洲一些国家也有佛教流传,不过影响不大。

释迦牟尼悟道图
释迦牟尼端身在菩提树下结珈趺坐,最终修成正果。

佛教的基本教义是什么？

佛教基本教义有"四谛"、"十二因缘"等。相传佛陀释迦牟尼在菩提树下证悟成道，所悟的内容就是"四谛"和"十二因缘"。此后释尊在各种场合又多次宣说"四谛"和"十二因缘"，因此"四谛"和"十二因缘"是佛教最基本的教义。

"谛"是真理的意思，"四谛"即意为"四种真实的真理"。这四种真实的真理即指"苦、集、灭、道"。佛教认为这四条是人生的绝对真理，因此称为"四谛"。

"苦谛"是指人生的各种痛苦。佛教认为苦是一种普遍存在的现象。人的一生，从出生到死亡，充满着各种痛苦和烦恼。佛教修行的最终目标就是要解脱苦对众生身心的逼迫，佛教的教义理论，也都是围绕着探究人生为什么会受此苦，以及如何解脱苦而展开。

"集谛"是指引起痛苦的原因和根据。"集"是招集的意思，能够起到招感集起苦果的作用，佛教认为，如身心活动与结业相应，必然会招致未来生死之苦，所以称之为集。一切烦恼惑业，必能招致三途生死之苦果，因此称为集谛。

"灭谛"是佛教修行的最终目标。"灭"是熄灭、灭尽之意，即灭除种种烦恼和痛苦之根本后，达到佛教所说的一种不生不灭，解脱与自由的理想的精神境界。佛教认为这种理想境界应该没有任何痛苦和烦恼，这样的精神境界，有的称之为"涅槃"，有的称之为"择灭无为"。

"道谛"又称"道圣谛"、"苦灭道圣谛"等。道谛是指脱离"苦谛"和"集谛"的缠缚，达到"灭谛"这种理想的精神境界所需要的修行方法和实践道路。这种方法和途径

❀ 毗湿奴

毗湿奴为印度教三大主神之一，图为被自己的化身所围绕的毗湿奴。

❀ 印度阿旃陀石窟

阿旃陀石窟于公元前2世纪开始修建，公元7世纪中期竣工，前后达数百年之久。阿旃陀石窟共有29窟，其中25窟为僧房，4窟为佛殿。印度佛教早期提倡于偏远僻静之处隐行苦修，因此留下了这些遗迹。

通常专指"八正道"，意思就是"八种通向彼岸世界的正确道路和修行方法"。它们是：1) 正见；2) 正思维；3) 正语；4) 正业；5) 正命；6) 正精进；7) 正念；8) 正定。

佛教认为，世间一切精神和物质现象，都处于一定的因果关系中，依赖某种因果条件而存在，并依靠一定的条件而演变。这种依赖于某种条件而存在、变化的学说，就是"缘起说"。人生也是如此，都是互相联系、互相依存、互为因果的。佛教以人生问题为中心，把人的一生分为互相关联、互为因缘的十二个阶段，称为"十二因缘"，或称"十二缘起"、"十二有支"等。

依照缘起说，人的生命过程可分为互为因果的12个环节，这12个环节是：1）无明（人与生俱来的蒙昧无知）；2）行（由无知而引起的各种欲望和意志）；3）识（由欲望和意志引起的人的精神统一体）；4）名色（由识引起的人的精神和肉体）；5）六处（指人的六种感觉器官，即眼、耳、鼻、舌、身、意，意即心）；6）触（指感觉器官与外界事物的接触）；7）受（通过接触而引起的苦乐感觉）；8）爱（由感觉而引起的对乐的事物产生的贪爱之心）；9）取（由贪爱而产生的追求和执著之意）；10) 有（因追求和执著而造成的生死环境）；11) 生（有了生的环境就有生命的产生）；12) 老死（有生就必有衰老和死亡）。

这12个环节构成一个人生因果循环的总链条，其中每一个环节都和相邻的环节构成因果关系。人有生老病死等现象产生，归根结底是由"无明"引起。因此必须从根本上灭除无明，才能摆脱十二因缘的束缚，从而脱离苦海，解脱轮回。

释迦牟尼是怎样创立佛教的？

佛教的创始人释迦牟尼，俗名悉达多，姓乔达摩，是古代印度西北部喜玛拉雅山脚下一个叫迦毗罗卫的地方（在今尼泊尔境内与印度交界的提拉科持）。

公元前486年，他活了80岁，与中国春秋时的孔子差不多是同时代的人。按印度当时的传统习俗，摩耶夫人在即将临产之际，必须回娘家去生孩子。就在她回娘家的途中，经过一个叫做蓝毗尼的园林，生下了悉达多。摩耶夫人在产后七天去世，悉达多由姨母波阇波提夫人抚养长大。

由于出身王族，所以悉达多从小就受到良好的传统教育。他学过婆罗门教的经典，还练习过骑马射箭等武艺。他的父亲净饭王希望他长大以后能够继承自己的王位，成为一个文武双全、功勋卓著的英明君主。太子成年后，净饭王又为他娶了邻国善觉王的女儿耶输陀罗为妻，还生有一个孩子，名叫罗睺罗。

但是具有独立思考精神的悉达多太子并未按照他父亲的愿望成长。舒适优越的生活条件并未使他陶醉而消磨忧患意识，而当时动荡不安的社会状况更令他感到困惑，现实人生中的生、老、病、死等种种痛苦和烦恼现象，反而使他感悟到世事的无常和人生的变幻莫测，引起他的感触和深思。为了摆脱那些束缚人的精神和肉体的种种烦恼，得到完全彻底的自由和解脱，

❀ 释迦牟尼出生图（局部）

释迦牟尼的父亲是迦毗罗卫的国王净饭王，母亲是摩耶夫人。依中国佛教的史料记载，释迦牟尼诞生于公元前565年，逝世于

于是在他29岁时，他决定出家修行，企图寻求一条能够解脱身心痛苦和烦恼的道路。

那是一个夜深人静的时候，经过深思熟虑的悉达多太子悄悄地离开了对他抱着极大希望的父亲和妻子，放弃了他那豪华而舒适的生活，骑上一匹白马，悄悄地出了王宫。他在一个森林中，脱下华贵的衣服，换上了修行者常穿的简易服装，还剃去了须发，以显示他坚定的出家修行的决心。

❀ 释迦牟尼截发图

净饭王得知悉达多终于离家出走，无可奈何，只好在亲族中派了憍陈如等五个青年作为侍从跟随他。悉达多出家后，曾先后求学于当时一些著名的思想家和宗教学者，跟从他们学习，但这些前辈学者并没有解决他所希望解决的问题，他也并未从他们的思想学说中找到自己要寻求的真正解脱之道，于是便先后离开了他们。后来他来到尼连禅河岸边，与那里的苦行者一起修起了苦行，以期通过对肉体的磨炼来得到精神的自由。

冬去春来，一晃已经过了六年。在六年苦行生活中，他尝尽了千辛万苦，然而得到的却只是枯槁的容颜和羸弱的身子，并没能达到他原

释迦牟尼是怎样创立佛教的？

❀ **明·铜鎏金释迦牟尼佛像**

此佛像绿髻曲卷，面容慈悲、庄重，佛身半披裂裟，端坐于莲花宝座之上，气势恢宏，做工精湛。

先期望的精神解脱。事实使他醒悟：苦行是徒劳无功的。于是他决定放弃苦修。

他走到尼连禅河中，一洗六年的积垢，并接受了一个牧女供养的牛奶，慢慢恢复了体力。当时随从他多年的五个侍者见他放弃了苦修，又喝了牧女奉献的牛奶，以为他失去了信心，放弃了努力，感到十分失望，便离开了他。于是他独自一人来到尼连禅河边菩提伽耶附近的一棵菩提树下，面对东方，铺草打坐，并发誓说："我今如不能证得无上大觉，宁可粉身碎骨也不起此座。"经过了七天七夜的苦思冥想，在禅定中他战胜了来自各方面的烦恼魔障，最后终于在一天的黎明时分豁然开朗，彻悟了人生无尽苦恼的根源和解脱轮回的方法，从而成了获得无上大觉的佛陀。

释迦牟尼成佛后，首先来到波罗奈城的鹿野苑，向过去跟随他的五个侍者宣说自己获得彻悟的道理。鹿野苑说法是释迦成佛后第一次说法，在佛教史上称为"初转法轮"。这次说法，他阐述人生的苦恼，世事的无常，生死轮回的无穷无尽；分析了人生之所以产生苦恼的原因，证实涅槃寂静境界的奥妙和欢悦，并向他们指出解脱轮回、永离苦海、通往涅槃彼岸的修行之路，这就是佛教所说释迦成佛后"初转法轮"时所宣说的"苦、集、灭、道"四谛之理。五个侍者随即投入佛陀门下，成为佛陀最早的五个弟子。鹿野苑初次说法，憍陈如等五人出家为佛弟子，从此，构成佛教的三个基本要素即佛、法、僧"三宝"具备，佛教正式创立。

❀ **树下说法图（右页图）**

唐代敦煌绢画，图上释迦牟尼结跏坐树下，正在向两侧的菩萨和弟子说法。

释迦牟尼一生主要在哪些地方进行活动？

佛陀一生中居住时间最多的地方是摩揭陀国的王舍城和拘萨罗国的舍卫城。

※ 释迦牟尼像

竹林精舍和祇园精舍是佛教史上最早的两处精舍，也可说是佛教史上最早的两座寺院。释迦在世时经常往来于这两个精舍，在那里向弟子敷演佛法。因此这是佛教史上两个重要的精舍。

释迦时代，相传印度主要有十六国，其中较大的有摩揭陀、拘萨罗、鸯伽、迦尸等。当时摩揭陀国正处于频婆沙罗王统治时期，频沙王对外实行远交近攻的政策，不断吞并周围小国，扩大自己领土；对内则厉行严刑峻法，不断加强其专制统治，成为当时诸国中最强大的一个国家。

摩揭陀国首都王舍城外有一片竹林，这片竹林原属一位名叫迦兰陀的豪富所有，迦兰陀曾打算把这个竹园施舍给"外道"。正好那时释迦曾前往摩揭陀国弘传佛法，迦兰陀长者听了释迦传道后，十分敬重佛陀，当下即信奉佛教，并把那片竹林奉献给佛陀，作为佛陀在摩揭陀国传教说法时的居处。后来摩揭陀国的国王频婆沙罗也皈依了佛教，他在那竹园建造了屋舍安置释迦牟尼及其弟子，于是这个地方便被称为"竹林精舍"。

与此差不多同时，在拘萨罗国有一位富商，名叫须达多。由于须达多乐施好善，经常接济和帮助孤独无助之人，因此被人称为"给孤独"。须达多听说了佛陀的事，非

常敬慕，想请释迦前来传教。拘萨罗国的都城舍卫城有一个很大的园林，为王子祇陀所有，于是须达多长者与祇陀商量，想买下王子的园林奉献给释迦，希望在迎请释迦前来弘扬佛法时，便于安顿释迦及其弟子。当时王子要求他以金砖铺地为代价，须达多果然按王子的要求办了，祇陀王子便决定与须达多共同把这一林园奉献给佛陀，以迎请佛陀来此说法。这一园林因是祇陀和须达多共同奉献，因此就被人称为"祇陀给孤独园"，简称"祇园精舍"。

除了竹林精舍和祇园精舍之外，在王舍城南的灵鹫山，也是释迦经常和弟子们说法的地方。根据现有的材料说明，释迦牟尼创立佛教之后，带领弟子主要在印度恒河流域活动。他一生宣扬佛教45年，基本上是在这一地区游行教化众

❀ 佛传"降魔成道"图，描绘释迦降魔成道。佛陀手呈降魔印，上方云彩之上有三面八臂明王，四周是众魔军阻止佛成道向其进攻的场面。画的两侧分绘各种姿态的佛像，表明佛法无边。

生。释迦去世后，他的弟子游化四方，传教的范围更广一些。据斯里兰卡《岛史》、《大史》等记载，佛陀曾到过那儿并留下过遗迹，但这仅是传说。

什么是种姓制度，当时印度有哪些种姓？

所谓「种姓」制度，是古代印度社会从原始公社向阶级社会进化过程中，由于阶级的分化而形成的一种等级森严的社会制度。

种姓制度本以肤色深浅定种族贵贱，但随着社会发展和阶级分化，逐步演变成为区分社会地位和职业的社会等级制度。"种姓"一词在梵语中为"Varna"，音译为"瓦尔那"，因此"种姓制度"有时也称做"瓦尔那"制度。瓦尔那原有"颜色"、"品质"之意。

在古代印度最早的历史文献材料《梨俱吠陀》中，就已提到当时社会有地位不同的四个种姓，即婆罗门、刹帝利、吠舍和首陀罗。

婆罗门是祭司阶层，他们是人神之间的沟通者，亦是社会精神生活的指导者，属最高等级。其次为刹帝利，是由军事贵族形成的社会集团，包括掌握军权的国王和武士阶层。他们掌握和管理着国家机器，是统治阶级意志的代表人物。其他从事农业、畜牧业、手工业和商业的普通部落村社成员则构成第三等级，即吠舍种姓，他们作为普通劳动者，还保持着人身自由，但被排除在社会公共权力机构之外。首陀罗是四个种姓中地位最低的一个。他们的社会地位低下，大多为人仆役，也有部分从事农业和畜牧业的。

在政治上，婆罗门和刹帝利两大种姓共同构成统治阶级，他们掌握、管理着人们的社会生活和精神生活。

❀ 印度的婆罗门，印度种姓制度中的最高等级。婆罗门是祭司阶层，掌握着宗教祭祀权。

在经济上,这两大种姓通过布施、纳税等形式对吠舍、首陀罗进行剥削。在宗教上,婆罗门、刹帝利和吠舍被称为"再生族",他们有资格参加被认为能获得重生的宗教仪式"再生礼",而首陀罗种姓则不能参加"再生礼",又被称为"一生族"。

为了巩固种姓制度,统治阶级宣称造物之神"梵天"用口创造出婆罗门,用两臂创造出刹帝利,因此这两个种姓是高贵的,吠舍和首陀罗则是梵天用两股和两脚所造,因此是低下的。此外,他们还制定许多法律对各种姓的社会地位、生活方式等作了详细的规定,严格禁止首陀罗种姓和其他种姓通婚。

到了释迦牟尼的时代,即公元前6至5世纪,随着掌握王权的刹帝利和从事于经济活动、属于吠舍种姓的一些大商人和大土地所有者等势力的不断扩大,他们日益不满婆罗门种姓占有至高无上的社会地位,他们联合起来共同反对婆罗门种姓,使婆罗门种姓的统治地位开始动摇。释迦牟尼创立的佛教则提出"四姓平等"说,认为人人都可以出家修行,不论其出身于什么种姓。尽管他的"平等"是宗教方面的,是彼岸的、来世的,但在当时反对婆罗门种姓统治的斗争中,具有一定的进步意义。

❁ 元代赵孟頫所绘红衣天竺僧像,此图是赵孟頫51岁时为天竺僧所作的画像。画中天竺僧神态生动,风格浑穆。

原始佛教为什么会发生分裂？

释迦牟尼在不同的时间和场合，根据不同的对象而说不同的道理。由于听受佛法者各自的社会背景和文化背景不一样，其理解也会产生差异。这种理解上的差异，最后导致了原始佛教的分裂。

印度佛教的历史，大致可分为原始佛教、部派佛教、大乘佛教三个阶段。原始佛教阶段，由于释迦牟尼刚刚去世，他的弟子大多亲聆过佛陀教导，所以在教义、在宗教修行方面以及教团共同生活习惯上大多遵循佛在世时的惯例，没有什么重大的争议。随着时间的推移，分歧逐渐出现了，并导致了原始佛教的分裂。

关于原始佛教分裂的原因，按照南传佛教的说法，主要是由于僧众们在对待戒律问题上的引起的争执，最后导致了分裂。据说当时东方以毗舍离城为中心的跋耆族僧团，对某些传统的戒律产生了疑议，他们采取了一些变通的做法，这些做法引起了西方波利族僧众们的不满。一名叫耶舍的比丘邀请了西方一些上座比丘到毗舍离集会，对毗舍离僧团一些违反传统戒律的做法进行裁定，最后判定包括比丘乞受金银在内的十件事不符合佛法。这次集会，参加的比丘有700人，所以被称为"七百结集"。这是佛教史上第二次结集，但这次结集审定的裁决并不为毗舍离僧团比丘所承认，他们另外召开了一个万人大会以示反对。这样，在佛教史上产生了第一次公开的分裂，由于"七百结集"的参与者多为上座比丘，所以这一派就被称为"上座部"，而参加万人集会的这一派因人数众多而被称为"大众部"。

按北传佛教说法，原始佛教

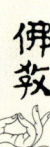

❀ **释迦牟尼坐像**

释迦牟尼神情端庄，呈说法状。

❋ **泰国诗春寺阿查那大佛**
诗春寺是泰国历史上有名的佛教寺庙，寺内的阿查那大佛高十多米，造型生动。

的分裂是由于对"阿罗汉"果位的不同看法而引起。"阿罗汉"是初期佛教徒修行所追求的目标，他们认为修行达到"阿罗汉"果，就可断尽烦恼，解脱轮回。据说当时有一个名叫"大天"的比丘对"阿罗汉"果位的境界提出了五条不同的看法，他认为"阿罗汉"仍然存在着无知、无明，还未断尽烦恼，并且还存在着生理上本能的欲望，等等。大天的观点在当时引起了教团极大的震动，但他的那些看法遭到教团内的长老比丘们的极力反对，由此引起了一场大规模的论争。论争的直接结果是导致原始佛教的分裂，反对大天的长老比丘们形成了"上座部"，而支持大天一派的比丘则成为"大众部"。

实际上原始佛教的分裂还有着深刻的社会原因。由于佛教已在很多地区传播，而当时印度各地的社会政治、经济、文化发展极不平衡，这种不平衡势必反映到佛教内部。佛教内部各地僧团的比丘们受当地民族、文化和政治、经济的影响，对佛教的许多教义，特别是对与日常生活密切相关的一些佛教戒律产生不同看法，这是很自然的。这些不同看法加深了佛教内部本来就已存在的矛盾和分歧，最后终于导致佛教僧团公开的分裂。

"上座部"佛教有哪些派别？

"上座部"佛教在教义方面比较接近原始佛教的一些基本教义思想，在日常生活习惯和僧众戒律仪式而较少变化。必须遵守的仪规戒律方面，比较严格持守传统。

大约在佛灭100年以后，统一的佛教教团开始产生了分裂，形成了各种不同的派别，进入了所谓"部派佛教"时期。据佛教史资料记载，部派佛教中最初出现的就是"大众部"和"上座部"这两大部派。所谓"上座部"，是因为当时这一部派的代表人物大多是一些上座长老比丘，因而得名"上座部"。

"上座部"和"大众部"对佛教的基本教义如"四谛"、"八正道"、"十二因缘"都共同信奉，但在有些问题上的看法却有较大差异。例如对于客观世界的有、无、真有、假有问题上，上座部各派偏重于说"有"，也就是相对来说承认客观世界的物质性因素，即使由因缘关系而产生的"有为法"，上座部有的派别也认为是法体永恒存在，因此主张"三世（过去，未来，现在）实有、法体恒有"。而大众部各派则偏重于说"空"，对客观世界的物质性抱否定态度。其他如对待生命个体的主宰，即"我"的问题、对佛陀的看法等方面，各自的观点也有较大区别。

随着佛教流传日广，教团内部存在的各种分歧和矛盾也日益增多，并且各派在一些问题上理解不同。于是在释迦去世后一百年到四百年间，上座部和大众部又不断产生分裂，先后分为十八部或二十部。这一时期，在佛教史上称之为"部派佛教时期"。关于部派佛教分裂的先后顺序、年代以及名称，佛教各种经典中有各种不同说法。记载部派佛教分派的史料，在南传、北传和藏传佛教中，也有数十种之多。依据北传佛教的《异部宗轮论》、《部执异论》、《十八部论》等经典中记，由上座部分裂出来的部派主要有：说一切有部、犊子部、化地部等，后来又从各部中再次分裂出法上部、正量部、法藏部、经量部、雪山部等。

在上座部各派中，"说一切有部"是个形成较早、并且是最大的一个派别，而且这一派有丰富的论藏典籍流传下来，因此可以把这一派的学说作为上座部学说的代表。所谓"说一切有"，是指他们认为世间一切诸"法"都有其自性，因此是一种真实的客观存在。他们又把佛所说的、散见于各种经典中的零星说法加以系统化，按对客观世界和人的主观认识作用归纳为色法、心法、心所法、心不相应行、无为法等五大类，并对其中每一类加以细微的分析，形成五位六十七分法。这对后来大乘佛教"瑜伽行派"的发展有重大影响。

上座部佛教原流行在印度北方，"说一切有部"曾经在印度北部和中部占有优势。后来上座部传到南方，特别是在斯里兰卡岛有了较大发展，在那里形成了"大寺派"。"大寺派"曾一度成为斯里兰卡佛教的主流。在公元6～7世纪时，印度本土还有上座部流行，中国唐

❀ **西双版纳曼飞龙塔**

由九座白塔组成，坐落在云南景洪澜沧江对岸的曼阁佛寺。龛下的岩石上，有一人踩印迹，传为释迦牟尼的足迹。

代高僧玄奘、义净去印度时还存在。到后来，印度本土的上座部佛教慢慢绝迹，而斯里兰卡所传的南传佛教成为上座部佛教的代表。现在，除斯里兰卡外，缅甸、泰国等以及中国云南傣族地区流传的佛教也属上座部佛教。

"大众部"与"上座部"有什么区别?

"大众部"是和上座部同时形成的佛教部派之一。相传在释迦牟尼去世100年后,原始佛教内部由于对佛教戒律和教义的不同看法而产生不同派别。最初分裂形成的两大派即为大众部和上座部,被称为"根本二部"。后来又从这两个根本部派中分裂形成十八部或二十部,称为"枝末部派"。

部派佛教各有自己的经、律、论三藏。"大众部"分派后就举行了三藏的结集。因这次结集参加的人数特别多,因而通常称为"大结集"或"大众部结集"。根据南传佛教的说法,"大众部"的三藏改动了上座部结集的三藏的内容。特别是在戒律方面,他们做了较大的

"大众部"各派学说与"上座部"有较大不同,如"大众部"认为佛陀是神,而"上座部"则把佛陀看做是教主。

❁ 印度尼西亚普兰班南寺庙群

普兰班南寺庙群位于印度尼西亚爪哇岛中部日惹市,因拥有大量佛教和印度教的古建筑而闻名于世。普兰班南寺庙群由240多座庙宇组成,各寺庙的建筑结构基本相同,由石块建成,造型优美。

更动,重新制定了一些经典文献,变动了经、律的排列秩序。可惜这些经律现在都已失传,只有一部叫做《大事》的佛传还保存着。这部书的内容在汉译经典《佛本行集经》中还保有一部分。另外,汉译佛典中的《增一阿含经》和《摩诃僧祇律》被认为是"大众部"的经律。至于论藏,则出现得较晚,当"大众部"开始结集经典时还未形成。一直要到"大众部"发展的最后阶段,"大众部"系统中的"多闻部"出现时,才开始形成。

在对于佛陀的看法上,上座部倾向于把佛陀看做教主,而不是万能的神,认为对佛的说法也应分别对待。而"大众部"则着重强调佛的威力,认为佛的威力无边无际,超出世间的神;凡是佛所说的,都是完满无缺的,都是绝对真理。他们还认为佛的寿命没有止境,佛的色身充满宇宙,等等。另外,在对待客观事物的有无、真假问题上,

❂ 印度神话中的克利须那神

克利须那神是毗湿奴(梵天世界的掌管者和继承者)的另一个化身。

上座部各派偏重于说"有",如上座系的"说一切有部"主张"三世实有,法体恒有",但大众部则偏重于说"空",认为事物的过去和未来都没有实体。在心性及解脱问题上,上座部一般认为心有染有净,染心不能解脱;而大众部则强调"心性本净",染心也能通过修行,去染成净,得到解脱,因而人人有解脱可能。

什么是大乘佛教与小乘佛教？

大乘佛教与小乘佛教在修行方式、修行目的和佛陀观等方面有许多不同看法。

究竟什么叫大乘佛教、什么叫小乘佛教？它们之间有些什么区别呢？

从分布情况看，传入中国、日本、朝鲜、蒙古等地的北传佛教，都是大乘佛教，而传入斯里兰卡、缅甸、泰国、柬埔寨，以及中国云南傣族地区的南传上座部佛教是小乘佛教。

所谓"乘"，是梵文yana（音译"衍那"）的意译，有"乘载"或"道路"之意。大约在公元1世纪左右，印度佛教内形成了一些具有新的思想学说和教义教规的派别。这些佛教派别自称他们的目的是"普度众生"，他们信奉的教义好像一只巨大无比的船，能运载无数众生从生死此岸世界到达涅槃解脱的彼岸世界，从而成就佛果。所以这一派自称是"大乘"，而把原来的原始佛教和部派佛教一概贬称为"小乘"。但是这一称呼，"小乘"佛教派别本身是不承认的，例如现在缅甸、泰国、斯里兰卡等国的佛教，一直称为"南传上座部佛教"。

大乘和小乘的区别，表现在许多方面。首先，在对于佛陀释迦牟尼的看法上，小乘佛教一般把他看做是一个教主、导师，是一个达到彻底觉悟的人。大乘佛教则把释迦佛看做是一个威力广大、法力无边、全智全能的神，并且认为除释迦牟尼外，在三世（过去、现在、未来）十方（东南西北，四维上下）有无数的佛。其次，在修持方法上，小乘佛教主张修戒、定、慧"三学"（通过守持戒律，修习禅定而获得智慧）、"八正道"（八种正确的思维和行动方法）。大乘佛教则除了"三学"、"八正道"外，还偏重于修习包括"六度"、"四摄"在内的"菩萨行"。

菩萨思想是大乘佛教思想的一大特色。所谓菩萨，即指立下弘大誓愿，要救度一切众生脱离苦海，从而得到彻底解脱的佛教修行者。大乘佛教徒把释迦牟尼成佛以前的修持阶段，即在修习"菩萨行"的阶段作为自己修行的榜样，因此大

乘教徒主张可以在家修行，并不强调一定要像小乘佛教徒那样需要出家修行，这也是大乘和小乘的重要区别之一。大乘教徒把菩萨的修行方法概括为"六度"、"四摄"。"六度"是指布施、持戒、忍辱、精进、禅定、智慧，他们认为这六种方法是能够脱离生死苦海，达到涅槃彼岸的通道。"四摄"是指大乘佛教徒在日常生活和活动中，在与他人相处时需要遵守的四个原则，具体是指布施、爱语、利行、同事，大乘佛教认为这是菩萨救度众生时所应遵守的原则和方法。为了与小乘教相区别，大乘教徒把自己的思想学说称之为"菩萨思想"，把自己的修行实践称做"菩萨行"，把自己所遵奉的戒律称之为"菩萨戒"。

在教义学说上，大乘佛教与小乘佛教之间的重要区别是：小乘佛教一般主张"我空法有"，即否定个人的主观精神主体，但对客观世界的否定却不彻底，部分小乘佛教派别则通过"分析"的方法来否定客观事物，实际上却承认事物的基本组成因素"极微"的存在，带有唯物思想倾向。大乘佛教则通常主张"人法两空"，既否定人的主观精神主体，也否定客观事物的存在，他们认为关于客观事物"空"的认

❀ **唐代敦煌绘画引路菩萨图**

图中描绘的是菩萨为亡灵引路升天国的场面。在小乘佛教中，只崇拜释迦牟尼，没有菩萨等其他神灵。

识并不是通过"分析"方法得到的，而是"缘起性空"，即一切"法"都是由因缘和合而成，不存在本质实体，因而是"空"。事物现象的存在只不过是一种虚幻的假象而已。"性空幻有"，这是大乘思想，特别是早期大乘思想的一个重要特点。另外在修行目标上，小乘佛教把证得"阿罗汉"果位作为修行的最高目标。而大乘佛教则以"普度众生"为修行宗旨，以成佛作为最高的修行目标。

什么是中观派，代表人物是谁？

「中观派」亦称大乘空宗，是印度大乘佛教发展过程中产生的一个派别，它与「瑜伽行派」一起被称为大乘佛教的两大派别。

龙树创立的大乘佛教"中观学派"，在公元4世纪时传到了中国。中观学派的思想学说对中国佛教的很多宗派，如三论宗、天台宗、华严宗、禅宗等都产生过重要影响。

大乘中观学派的创始人，是龙树及其弟子提婆。龙树亦称做龙猛、龙胜，是南印度人，出生于一个婆罗门家庭，少年时即通晓婆罗门经典，成为当时著名的青年婆罗门学者，后来皈依佛教，学习了大量的大乘经典，极大地丰富了他的思想理论。与此同时，他创立中观学说，广泛宣传他的思想。在南印度，他教化了原来信仰婆罗门教的国王，使之皈依佛教，并得到该国国王的大力支持。于是，大乘中观学派开始兴盛。

为了宣传中观学说，龙树写了很多论著。其中主要有《中论》、《十二门论》、《大智度论》、《十住毗婆沙论》等。这些论著，系统阐述了大乘佛教般若学说所宣扬的关于"空"的思想。佛教般若学所谓

❋ 龙树菩萨唐卡

龙树菩萨出生在印度南方的碑达巴，据说当时龙树菩萨之父一直苦于膝下无子。一天，他在睡梦中得到指点：如果他能向一百位婆罗门作法宴斋食，那么他就会得到一个儿子。龙树菩萨之父赶紧照办，不久，龙树菩萨诞生了。

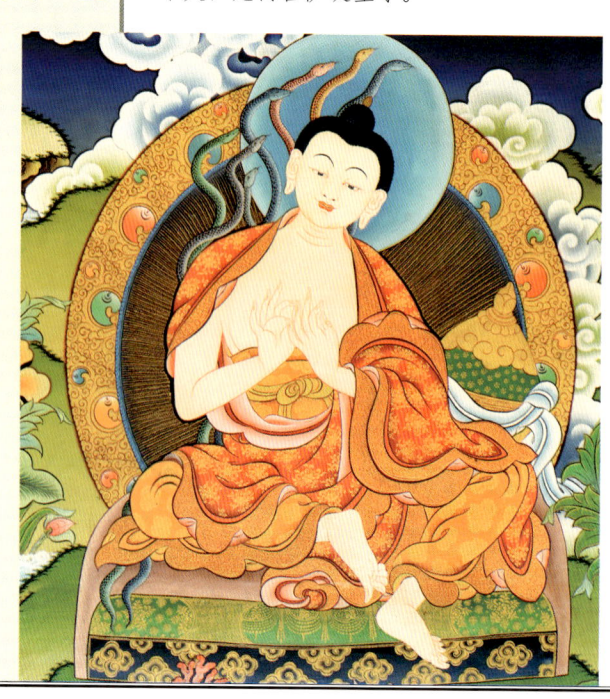

的"空",并不是指一无所有的虚无之空,而是指一种没有客观实体,不可用语言文字表达的状况。中观学派认为,只有这样一种空的状态,才是宇宙万物的真实本性。龙树又提出了"真俗二谛"的说法。他认为,佛陀说法时,按听众的不同理解能力进行叙述,对一般世人的听众就从"俗谛"入手,承认世界一切事物现象的存在,即从世俗的认识能力看(俗谛),宇宙万有(诸法)的表相是"有"。但对于那些已经灭除佛教所说的"无明",具有佛教的直觉"现观"能力的人,则说"真谛",即破除对"有"的假相的执著,显现事物"空"的本质之真性。他认为众生只有从"俗谛"入手对事物进行认识,才能掌握"真谛",真、俗二谛是同一事物的两个方面,对任何事物来说,从"俗谛"看是"有",从"真谛"观察则是"空"。即空即有,真俗不二,这就是"中道正观",因此这一派学说思想被称为"中观学派"。

为了进一步阐述大乘空宗的这种思想,龙树又提出不生、不灭、不常、不断、不一、不异、不来、不出的"八不中道"说。"八不中道"说是"中观学派"观察事物的方法,依据这种方法观察,任何事物都是处于相对矛盾之中,因而都是不确定、不真实的,因而也是无自性的,所以也是"空"的。

❀ 提婆唐卡

提婆,又称迦那提婆、圣天,是印度佛教中观派的创始人龙树的高足,又是佛教禅宗西天第十五代祖师。约生活于公元3世纪,以智辩著称。

什么是瑜伽行派，其代表人物是谁？

公元5~6世纪，是印度大乘佛教瑜伽行派形成、发展的时期。

到公元5、6世纪时，大乘佛教内又出现了一个新的学派，这就是由无著、世亲创立的"瑜伽行派"。瑜伽一词的梵文原意为"相应"，本来是古代印度的一种宗教修行方法。佛教用来表示以调息、静虑而达到摄心修慧的宗教修行。无著、世亲创立的这一派因特别强调瑜伽修行方法，所以被称为"瑜伽行派"。

无著和世亲是兄弟。他们是5世纪时北印度犍陀罗人，属婆罗门种姓。他们先是在小乘说一切有部出家，世亲曾著有《俱舍论》一书，概括和阐述了小乘佛教说一切有部的教义。后来，无著在中印度从瑜伽论师改信大乘教义，弘扬《瑜伽师地论》、《金刚般若波罗蜜经论》、《辨中边论》、《大乘庄严经论》等大乘论著。

无著和世亲的著作有很多，其中有八部被认为与构成"瑜伽行派"的学说有密切关系。这八部著作在印度被归为一类，称为"无著八支"。据说因世亲的学说是受无著的启

❀ 世亲大师唐卡

世亲大师世称多闻第一，图中他头戴班智达帽，身披袒右式袈裟，右肩覆搭祖衣边角，衣纹线条流畅，花卉纹饰精美。右手当胸结三宝印，左手持经书，半跏趺坐。两位弟子舒坐于榻前，以经书、法钵供养。

发，所以两家的重要著作都归之于无著名下。

无著、世亲创立的"瑜伽行派"的基本思想，就是极力论证世界万物是由"识"所变现。所谓"识"，这里泛指一切精神现象，即人的思维、认识作用以及产生这种作用的"心"的特殊功能。瑜伽行派把人的"识"分为八种，这八种"识"又可分为三类：第一类包括眼识、耳识、鼻识、舌识、身识、意识六种。这六种识是人的感觉、思维作用和能力。第二类即第七"末那识"，这是联系前六识和第八识的桥梁。第八识叫做"阿赖耶识"，在八识中最为重要。阿赖耶识内藏有能变现万物的潜在功能，这种潜在的功能被称为"种子"，所以第八识又被称为"藏识"。瑜伽行派学说认为：在八识中，前六识作用的对象，即是"种子"所变现。由此可见瑜伽行派所说的认识功能，是众生内在的认识，即前六识对第八"阿赖耶识"中所藏的"种子"的认识，因此这是一种自我认识，是一个封闭的体系。由此，他们得出"三界唯心、万法唯识"的结论。

瑜伽行派根据"万法唯识"的道理，又用遍计所执性、依他起性、圆成实性这"三自性"解释一切认

❋ **无著菩萨修行图**

无著菩萨大约生于公元4世纪左右，是世亲菩萨的亲哥哥。据说无著菩萨曾把自己关在鸡足山里苦修，但并没有见到弥勒菩萨出现，后来，弥勒菩萨终于在他的眼前现身，并带他到兜率天宫的弥勒内院受教。

识现象。又用相分、见分、自证分、证自证分这"四分"来进一步分析认识的职能和作用。他们把宇宙万有的一切物质和精神现象概括为五大类，一百个要素，称为"五位百法"，从而进一步完成了佛教的名相分析系统。瑜伽行派在阐述和论证其思想体系的同时，发展了佛教逻辑"因明"学。

大约在南北朝时，瑜伽行派的思想学说逐渐传入中国。

什么是密教，它有什么特点？

大约7世纪起，印度佛教开始走向衰弱。在「瑜伽行派」逐渐不为大众接受的情况下，密教形成了。

大乘佛教"瑜伽行派"的学说理论过于经院化，非常烦琐复杂，很难为一般百姓理解和接受。在这种情况下，大乘佛教为了吸引群众，不得不吸收当时印度教的一些教义和形式，从而形成了印度佛教中的密教。

印度教由婆罗门教演变而来，它融合了印度社会流行的其他民间信仰，并吸收了佛教、耆那教的思想内容。印度教继承了婆罗门教吠陀经典之权威，崇拜被作为最高实在的"梵"。其崇拜形式主要是祭祀、供养、持咒，等等。后来又出现了公然提倡性欲，主张借性力达到解脱的性力派。这些对密教的形成和发展都有一定的影响。

密教自称受法身佛大日如来的"真实"言教，是大日如来的秘密传授，所以称为"密教"。它的主要特征，是有高度组织化的各种咒术、坛场、仪轨等，它对设坛、供养、诵经、念咒、灌顶等宗教仪式有极为严格的规定，形式相当复杂，不是教内之人绝不外传。

密教的主要经典有《大日经》、《金刚顶经》、《密集经》、《喜金

❀ **清·铜鎏金大威德金刚**

本尊为八头，戴花冠，诸臂持各种法器，张目龇牙，怀抱明妃，舞立于仰覆莲台之上，做工精致，金水完好。

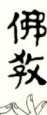

刚经》、《时轮经》、《苏悉地经》等。密教出现后，曾一度盛行于印度的西南部和德干高原等地区。早期的密教融合了中观、瑜伽行派的思想作为其理论基础，发展到后来，出现了一些左道密教，他们的修行方法更强调"方便"，抛弃了原先的理论学说，较多地接受了印度教性力派的影响。从此，印度的佛教开始走下坡路。

唐开元年间(713～741)，印度僧人善无畏、金刚智和不空先后来到长安，将密教的经典和学说传入中国，逐渐发展成为中国佛教宗派之一的密宗。

密教的一支传入中国西藏地区后，与西藏地区原先的民族宗教"苯教"相结合，形成具有西藏民族特色的藏传佛教，并发展成为噶当派、噶举派、宁玛派、萨迦派、格鲁派等许多派别。

❈ **梵天的降生**

来源于印度教神话，画中毗湿奴躺在巨蛇身上，漂浮水面，肚脐上长出一朵莲花。梵天从毗湿奴肚脐的莲花中降生。

佛教史上有几次重大结集?

所谓"结集",有集合、会诵的意思。即佛教徒经过集合聚会,将佛陀所说教法经过会诵、整理、确认,形成佛教经典。

在佛教史上,比较重要的结集,通常认为共有过这么几次。

第一次结集是在释迦牟尼逝世后不久。这次结集相传共有五百上座比丘参加,由释迦牟尼的大弟子摩诃迦叶主持,结集的地点是在王舍城外的七叶窟。这次结集的目的是把佛陀一生所说言教诵出,以传后世,由此形成佛教的"经"和"律"。

第二次结集发生在大约佛灭百年之后。这次结集的直接起因是佛教僧团中对于戒律问题的不同看法而引起的争论。据说当时印度东部跋耆族僧团中的一些比丘对传统戒律提出了一些新的主张,遭到以耶舍长老为首的上座部长老比丘僧团的反对。耶舍长老于是召集了七百上座僧众在毗舍离地方举行了大规模的经典结集,对经、律的内容进行重新确定,以便统一认识。这次结集确定了跋耆族僧团中流行的十件事不符合佛法,这些决议引起了跋耆族僧团比丘的反对,反对者另外针锋相对地举行了一次集会,也用会诵的办法对经、律进行核定,确定十件事为合法。参加这次结集的多为大众比丘,所以又称为"大众部结集"。

第三次结集发生在古印度孔雀王朝的阿育王统治时期。阿育王在

强巴佛像

即位第9年，发动了一次规模巨大的战争，此次战争之后阿育王宣布皈依佛教，并大力扶持佛教发展，以致当时许多非佛教的外道也混杂其中，佛教教义被搅乱。为了肃清外道影响，重新整顿佛教僧团和佛教教义，在阿育王支持下，由目犍连子帝须主持，召集一千比丘众参加，对佛教三藏，主要是上座部的三藏进行重新会诵、确认。这次结集后，佛教渐渐传播于世。

第四次结集发生在公元1世纪左右，大月支贵霜帝国的迦腻色迦王统治时期。迦腻色迦王是印度历史上继阿育王之后又一位著名的护持佛教的国王。在他统治时期，部派佛教经过不断发展，已经产生了许多派别，迦腻色迦王接受了胁尊者的建议，在迦湿弥罗（今克什米尔一带）举行了一次佛教经典的结集。这次结集由胁尊者主持，以世友为上座，共有五百人参加。

第五次结集发生在近代缅甸。1857年，在缅甸贡榜王朝的明顿王主持下，召集了两千多名上座僧人，在首都曼德勒举行了一次盛大的结集，这次结集以律藏为中心，对巴利文经典原文进行校勘和考订。这次结集历经5个月才完成。这次结集的经文被全文铭刻于729块方形

❀ **尼泊尔的佛塔**

尼泊尔是世界著名的佛教圣地，佛教创始人释迦牟尼即诞生于迦毗罗卫的蓝毗尼（今尼泊尔南部提匀拉科附近的洛明达）。

石块上，全部碑文现在还保存在曼德勒的一个博物馆中。

第六次结集发生在1954年至1956年，这次结集是缅甸联邦政府为纪念释迦牟尼逝世2500年而发起。这次结集以第五次结集所校勘的经文为依据，并参考了其他国家的各种巴利文版本，对巴利文三藏进行了严密的核校。这一次结集完成的大藏，是目前为止最完善的巴利文《大藏经》。

阿育王对佛教的传播有何贡献？

阿育王又名"阿输迦"（Asoka），意为"无忧王"，是公元前3世纪左右时期印度摩揭陀国孔雀王朝的第三代国王，阿育王的祖父旃陀罗芨多是孔雀王朝的创立者。印度佛教到了阿育王时代，才真正开始走向世界。

公元前273年，阿育王继位，成为孔雀王朝的君主。在继位之前，阿育王曾被他的父亲宾头沙罗派作叉罗地方的总督，因此具有一定的统治经验。他继位后，继承父业，不断进行征服战争，最后使摩揭陀国成为一个北起喜马拉雅山，南到迈索尔，东自阿萨姆西界，西抵兴都库什山的幅员辽阔的军事帝国，在印度历史上第一次成为一个统一强大的国家。

阿育王即位之初，对外利用军事力量进行征服战争，对内则杀戮大臣，甚至自己的兄弟姐妹。据说在公元前261年，阿育王曾率军征服南印度的羯陵伽国，获战俘15万多人，杀了10万人。在惨酷的战争之后，阿育王宣布放弃武力征服的办法，皈依佛教。实际上除了佛教之外，当时他对境内各种宗教，包括婆罗门教、耆那教等都加以保护，极力利用各种宗教安抚在他统治下的各族臣民，对于佛教则更是特别大力扶持和宣扬。他在帝国境内许多地方开凿岩壁，树立石柱，上面刊刻诏令，宣称"以法胜，是为最胜"，主张以佛教征服人心。这些刻有阿育王法敕的摩崖石刻和石柱，有些还留存至今，成为研究古代印度历史极为重要的资料。

在阿育王的大力扶植下，佛教在当时实际上处于摩揭陀国的国教地位。他以大量金钱资助佛教的发展，派遣了许多传教僧人到全印度

❀ **阿育王石柱柱头**

以及周边国家和地区去弘扬佛法，相传他还把佛舍利分散到各地，在各地同时兴建了许多佛塔供奉舍利，供人瞻仰崇拜，以扩大佛教的影响。他的儿子摩哂陀(Mahinda)和女儿僧伽密多(Sanghamitta)先后出家，并相继率人南下斯里兰卡岛，把佛教传入了斯里兰卡。他在政府内设置了"正法大官"执掌宗教事务，巡回各地，宣传佛法。他还曾经在首都华氏城召集了许多佛教僧侣，由上座部长老目犍连子帝须主持，举行了佛教史上有名的第三次"结集"，编纂、校订和整理了当时流行的佛教经典，处理了佛教内各派之间的争论。由于阿育王的大力支持和帮助，佛教在此时有了很大的发展，并开始在印度以外一些国家和地区如缅甸、斯里兰卡以及中亚、西域一带得到传播。阿育王本人也被后世的佛教徒尊为护法大王。

❁ 泰国曼谷的舍利塔

泰国盛行小乘佛教，有着良好的佛教文化传统。

迦腻色迦王在佛教史上起过什么作用？

迦腻色迦王是古代中亚贵霜王国的第三代国王。在迦腻色迦王统治时期，佛教艺术也有了极大的发展。

贵霜王国由大月氏人所建。月氏人最初居于中国甘肃、祁连山一带，公元前2世纪初被匈奴击败后西迁，后来又遭乌孙攻击，不得不再度西迁，来到阿姆河流域一带，即今阿富汗、乌兹别克一带。月氏人来到这里后，征服了原居在阿姆河上游的大夏，开始在这里定居。

进入大夏的月氏人分为休密、双靡、贵霜、肸顿以及都密五个部分，称为"五部翕侯"。大约在公元1世纪上半叶，五部翕侯中的贵霜侯丘就却攻灭了其他四部，自立为王，建立了贵霜帝国。

贵霜帝国到了迦腻色迦王时代（约78～120，一说约120～162），势力进一步扩展。迦腻色迦王西侵安息，在北印度的势力已达到恒河和印度河流域，形成一个以弗楼沙（今巴基斯坦白沙瓦地区）为都城，西起咸海、东至葱岭的中亚大国。

与此同时，佛教在贵霜帝国境内迅速发展。迦腻色迦王本人是个热心的佛教信奉者。据佛教资料记，迦腻色迦王在处理完国家事务后，每有空闲，经常览读佛经，还在国内到处建立寺院宝塔。如在都城附近所造的"雀离大塔"，据中国东晋时西行的僧人法显记载，此塔高达四十余丈，由各种宝物装饰，显得壮丽威严，是法显西行时所见诸塔庙中最为壮观的一座。后来唐代玄奘法师去西域时，还见到这座巍峨壮观的宝塔。更重要的是，迦腻色迦王时代建造的佛塔在形式方

✿ 18世纪印度耆那教铜像，代表精神的解脱，耆那教是印度本土的宗教之一。

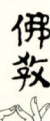
佛教小百科

尼泊尔印度教塔

印度教是尼泊尔的国教，但藏传佛教等在尼泊尔也有一定数量的信众。

面改变了原来印度佛塔的复钵式造型，创建了五层楼式佛塔样式，使之更具有装饰性和实用性，这是佛塔建造形式上的一次重大改革，对中国佛塔的建造形式也产生了极大的影响。

当时佛教部派繁多，各派众说纷纭，莫衷一是。迦腻色迦王下令四方远近著名僧人约五百人集合，由"说一切有部"的著名论师胁尊者主持，以世友尊者为上座，讨论佛法奥义，重新宣明"三藏"，这就是佛教史上所说的"第四次结集"。当时西北印度主要流行小乘佛教"说一切有部"，所以这一次结集实际上是一次"说一切有部"经典的结集。这次结集前后历时12年，编述了论颂三十万，约九百多万言，其中最主要的一部叫《大毗婆沙论》，是"说一切有部"的一部巨著。迦腻色迦王命人以赤铜锤成薄片，将论文镂写在铜片上，然后建塔封藏，使"说一切有部"典籍得以比较完整地保存下来。

南传佛教与北传佛教有何区别？

所谓"南传佛教"和"北传佛教"，是按佛教从印度向外传播的方向而称的。就教义而言，"南传佛教"主要是"上座部佛教"，也就是通常所说的"小乘佛教"。与南传佛教相对，北传佛教主要是"大乘佛教"。

在有关佛教传播的书籍中，我们常可以看到"南传佛教"和"北传佛教"的说法。那么什么是南传佛教，什么是北传佛教，它们之间又有什么区别呢？

佛教在向世界各地传播时，一开始主要有两条路线，一条是从印度向南传入斯里兰卡、泰国、缅甸、柬埔寨、老挝等国家和中国的傣族地区，这些国家（地区）的佛教就统称为"南传佛教"。就教义而言，"南传佛教"主要是"上座部佛教"，也就是通常所说的"小乘佛教"。另一条是从印度北部传入中亚地区，然后通过中亚、西域地区，传入中国，再由中国传入朝鲜、日本、越南、蒙古人民共和国等。这些地方的佛教统称为"北传佛教"。

从佛教经典的语言文字来看，南传佛教主要依据巴利文经典，因此又称做"巴利语系佛教"。巴利语原来是古代印度社会中流行的一种大众语言，相传佛陀就是用这种语言对大众说法传教的。流传到斯里兰卡的佛教经典就是用这种语言传播的，一开始并无以文字书写的经典，到大约公元前1世纪，当时斯里兰卡的统治者无畏波陀伽摩尼王召集了僧众在大寺勘定佛教三藏，用斯里兰卡通行的僧伽罗文音

清代南传佛教鎏金铜佛坐像

译巴利语书写,这是最早的巴利语经典。公元5世纪,摩揭陀国三藏法师觉音来到斯里兰卡,重新用僧伽罗文字整理编写巴利文三藏,这就是现在流行的巴利语佛典的原型。后来,缅甸、暹罗、泰国等也都以他们本国的字元音译记录巴利文三藏。

北传佛教主要依据梵语经典,所以又称为"梵语系佛教"。梵语原为古印度贵族阶层内流行的一种"雅语",在佛陀释迦牟尼的时代,这种语言只在印度社会贵族阶层的一部分人中使用。后来,经过文法学者波尔尼详为厘订,才开始逐渐在印度一部分地区流行。梵语佛教经典大多流行于印度北方,后来又传入中亚、西域地区。

北传梵语系佛教传入中国以后,又发展成为汉语系佛教和藏语系佛教两大系统。汉语系佛教流传于中国广大汉族地区以及朝鲜、日本、越南等地,使用的经典主要是汉文《大藏经》。藏语系佛教主要流传于中国藏、蒙、土、羌、裕固等少数民族地区以及蒙古、俄罗斯的西伯利亚地区以及中亚一些国家和地区。现在世界上出现的各种语言文本的佛教经典主要来源于巴利文、汉文和藏文这三个系统的佛教典籍。

❁ 云南西双版纳大勐龙傣族缅寺中的佛像

佛教何时传入斯里兰卡？

佛教传入斯里兰卡的时间，据《大王统史》记载，是在斯里兰卡第六代国王天爱帝须（约前247～207或前307～267）在位时。

上十分接近。受印度佛教的影响，其国人民绝大部分信奉佛教，是个佛教国家。斯里兰卡佛教与缅甸、泰国、柬埔寨佛教有密切联系，都信仰南传上座部佛教教义。可以说，斯里兰卡两千多年的历史和文化发展，与佛教有着不解之缘。

孔雀王朝阿育王统治时期，佛教在印度非常兴盛。在阿育王支持下，举行了佛教历史上的第三次经典结集。阿育王又派遣传教团分赴四方传播佛教教义。也就是在此时，阿育王的一个儿子（一说兄弟）摩哂陀长老带了一批人，渡海来到了

斯里兰卡原名锡兰，是南印度洋上的一个岛国。在中国古代史籍中，曾经将斯里兰卡称为"狮子国"，或"僧伽罗国"。斯里兰卡与印度一海相隔，地理

✿ 斯里兰卡首都科伦坡市内的一座佛像。佛教是斯里兰卡的国教，佛像随处可见。

锡兰岛。他们上岛后，在离王国首都不远的密兴多列圣山处，遇上了正在打猎的天爱帝须国王，他们向国王宣传佛教教义，不久，天爱帝须就信奉了佛教。从此以后，佛教在斯里兰卡很快地发展起来。大约两个多月后，整个王城及附近的人民都接受了佛教信仰，并且很快向全国传播。

天爱帝须王信奉佛教以后，为摩晒陀长老建立了一座寺院，称为"大寺"，这是斯里兰卡第一座佛教寺院。据说当时国王的弟弟，宰相的兄弟，以及一些贵族也相继带了一批人出家修行，成为斯里兰卡最早的佛教僧侣。与此同时，斯里兰卡也有一些妇女要求出家，但按照佛教戒律，比丘不能传授比丘尼戒，为此阿育王又派了他的女儿僧伽密多长老尼带了十一位比丘尼到达斯里兰卡，建立了斯里兰卡第一个比丘尼僧团。据说僧伽密多动身离开印度前，还带了相传是释迦牟尼在其下成道的那棵菩提树

❋ 斯里兰卡佛寺

斯里兰卡是传统的佛教国家，信奉南传上座部佛教。图为斯里兰卡中部山区肯地的一座著名佛教寺庙。

上折下来的幼枝，栽在斯里兰卡大寺的林园内。这棵树据说直到现在还活在那儿，相传这是世界上有历史可考的最古老的树之一。斯里兰卡人民把它看做是国宝，对之表示极大的尊崇。

由于摩晒陀和僧伽密多等人的努力活动，斯里兰卡的国王、贵族等统治者率先信奉佛教，并保护佛教发展。当地统治者的大力支持和信奉，使佛教很快便在斯里兰卡流传，成为人们普遍信奉的宗教。据研究斯里兰卡历史的专家认为，佛教之所以能这样快地在斯里兰卡岛流传，还有地理与语言接近等原因。

佛教何时传入缅甸？

根据斯里兰卡的史料《岛史》记载，阿育王向四方派遣传教师时，曾派了须那、郁多罗两位长老到「金地」传播佛教。许多学者倾向于认为「金地」就是指缅甸临孟加拉湾一带的地方。

❋ 缅甸佛寺。缅甸是信奉佛教的国家，属上座部佛教。

缅甸的国名来源，据语言学家和史学家考证，起源于梵语"婆罗"（梵天之意）。可见古代缅甸与印度文化关系是很密切的。

按缅甸古代的传说，大约在距今2500年前，在今缅甸首都仰光的地方，有两个商人在印度经商时，接受了佛法，成为佛陀的弟子。当他们回国时，佛陀赠给他们两人八根头发，于是他们回来造了一座很大的佛塔贮藏佛发，塔的外面又用银、锡、铜等加以装饰，显得极为宏伟壮观，这就是仰光有名的大金塔。据说这是佛教初入缅甸的开始。

古代缅甸人曾在缅甸濒临孟加拉湾一带的打端地方建立国家。他们较早吸收了印度文化和宗教。

根据1476年缅甸国王达磨悉提时的一篇巴利文名著《庄严结界》中记，打端古国名为"罗摩那提沙"，后来普通简称"罗摩"。当须那、郁多罗两位长老来金地传播佛教时，获得了国王和人民的信奉。他们最先宣说"四圣谛"法，得到数千人皈依，佛教由此传入缅甸。

从考古发掘的资料来看，最初传入缅甸的佛教，可能是南传上座部。在卑谬附近发现的一些薄金片，上面刻有巴利文字体，内容是记述上座部佛教的。另外，在帽查附近，曾发现一块古代雕板,上面刻有巴利文佛经。据学者考证,这些巴利文的字体与公元5世纪时南印度迦坦婆字体相似,最迟不会晚于公元6、7世纪。所以,根据考古发掘,古代缅甸的历史记载以及斯里兰卡《岛史》等,说明缅甸在公元6世纪以前已经传入了上座部佛教。

公元10世纪前后,大乘佛教及密宗也曾传入缅甸,在缅甸蒲甘博物馆保存的一些出土的古代佛像中,有一些小型的观世音菩萨立像。另外,在其他一些故址中,还发现部分反映藏传佛教艺术形象的雕像。一些学者认为,缅甸的大乘佛教有可能从中国传去。缅甸与中国西南接界,受中国文化、宗教的影响是有可能的。另外,中国西藏地区与缅甸接界,而且古代缅甸民族属于缅藏系,与藏族有亲缘关系,互相交通也很频繁,所以在缅甸出土的古代艺术品中有表现藏传佛教的东西出现。11世纪,缅甸蒲甘王朝(1044~1287)的阿奴拉陀王任用了一个名叫阿罗汉的僧人为国师。国王受阿罗汉影响,宣布以佛教为国教,同时下令各佛教宗派团体进行整顿。阿罗汉属上座部僧人,因此整顿的结果,使缅甸佛教上座部很快发展、兴盛,并占据正统地位。而原先各派,包括大乘各宗、密教以及其他一些宗教,都被渐渐淘汰。

❀ 缅甸仰光大金塔佛像

《岛史》和《大史》是怎样的书？

《岛史》和《大史》是斯里兰卡最早的两部用巴利文写的王朝和佛教编年史，也是南传佛教两部重要的史书。

约在公元前26年，有大寺派长老数百人在斯里兰卡岛的中部举行了一次佛典结集，诵出了上座部三藏，并用巴利文加以记录保存。公元5世纪，又有印度摩揭陀国三藏法师觉音来到斯里兰卡，他对当时在斯里兰卡流行的佛典进行了整理，并用巴利文全部重新进行编写。巴利文的输入对斯里兰卡文化发展有重大影响。《岛史》和《大史》就是在当时这种历史背景下，由斯里兰卡僧人用巴利文写的两部重要著作。

《岛史》又作《岛王统史》、《洲史》。作者不详。也有认为是大寺派比丘所作，或者是以大寺所传的资料为基础编纂。也有人认为本书的主要资料来源于较早的僧伽罗文著作《义疏》。《岛史》主要内容是叙述了佛陀的生平以及到斯里兰卡传教的神话、佛教的三次结集，以及佛教传入斯里兰卡后一直到公元3、4世纪时的历史情况。其所记史实可以与印度的史料相印证，对后人研究斯里兰卡和印度的古代历史、佛教的早期发展及传播情况提供了许多宝贵资料。本书体裁是文体粗略的叙事诗，缺点是内容庞杂而缺乏连贯性，有的地方前后重复。因此有些学者认为它并非是由一个作者所写。

《大史》一作《大王统史》，此书的成书年代略晚于《岛史》。作者是公元6世纪时的摩诃那

❀ 清代南传佛教铜制释迦牟尼坐像

摩比丘。相传他是公元6世纪初斯里兰卡国王达都斯那的叔父。据说达都斯那王在位时,为了净化佛教,曾举行正法结集。摩诃那摩比丘的《大史》也是当时奉王命而作。《大史》主要资料来源于《岛史》和朝廷文件,在某些方面对《岛史》作了补充和注释。本书内容主要是叙述了佛教的产生和斯里兰卡早期佛教状况。《大史》和《岛史》互相连贯,但《大史》更精炼且内容丰富,是研究古代印度和斯里兰卡早期历史、佛教发展的重要资料。本书体裁与《岛史》一样,亦为叙事诗体,但文学性更强。目前流行的是德国学者威廉·盖格(1856~1943)的编订本,由伦敦的巴利语圣典学会出版。书中记叙的时间是从佛教产生到公元4世纪斯里兰卡摩诃舍那王统治时期为止。现在斯里兰卡人民把这部史诗尊奉为他们的国宝。

❀ 清代南传佛教鎏金铜制佛像

❀ 斯里兰卡首都科伦坡佛教寺庙墙壁上的浮雕

佛教何时传入中国？

佛教传入中国的时间，长期以来有许多说法，莫衷一是。现有学者认为，大约在两汉之际，即公元一世纪前后，印度佛教开始通过西域，逐渐传入中国内地。

佛教初传，大多只是根据传说。另外，魏晋时期，佛道两教之间展开了激烈的论争，双方为了争夺正统，抬高各自的地位，都编造了许多神话传说。为攀附这些传说，佛教徒们尽力把佛教传入的时间提前。这样，佛教如何传入中国之事，便被笼上了一层朦胧而神奇的迷雾。

在佛教传入中国的各种传说中，历史上人们谈论得最多的就是汉明帝夜梦金人，遣使求法，使佛法流传汉地的故事。此说最早见于《四十二章经》、《牟子理惑论》、《老子化胡经》等。此外，东晋袁宏《后汉纪》，刘宋范晔《后汉书》等魏晋南北朝人士的著作中，也有不少言及此事的，可见当时这一故事在社会上已广为流传。

汉明帝夜梦金人而遣使西行求法的故事，是说东汉永平年间，汉明帝夜梦神人，身上放光，在殿前飞绕而行。次日会集群臣，问这是何神，有"通人"傅奕回答说：听说西方有号称为"佛"的得道者，能飞行虚空，身有日光，帝所梦见的应该就

佛教初传中国时，并未引起社会重视，只是在一部分人中悄悄流传。后来史书上所载的

❀ 河南洛阳白马寺竺法兰墓

竺法兰是古代印度佛教僧人。汉明帝永平年间与摄摩腾一同来华传法。汉明帝把他和摄摩腾安置在洛阳白马寺（因两位僧人以白马驮经来华而名）。他们在洛阳传教，并译出四十二章经等五部佛经。

是"佛"。汉明帝听了傅奕的回答，便派遣使者西行求法。使者们在西域大月氏国抄回佛经四十二章，带回来后，汉明帝将之藏在皇家图书馆，佛教于是传入汉地。这一传说故事有神话传奇的成分，但基本情节尚属可信，唯傅奕以"佛"为对，说明当时已有佛教在民间流传，只是未能传到宫廷而已，因此还不能作为佛教最初传入的记录。

在裴松之所注《三国志》中，引用了三国时魏国鱼豢所著《魏略·西戎传》，关于汉哀帝元寿元年（公元前2年）博士弟子景庐受大月氏王使臣伊存口授《浮屠经》的记录，并解释说"复立（豆）者，其人也。《浮屠》所载临蒲塞、桑门、值闻、疏问、白疏间、比丘、晨门，皆弟子号。"大月氏于公元前130年左右迁入大夏，其时大夏已有佛教流传。大约公元1世纪时，大月氏的贵霜王朝成为中亚一个强大的帝国，并且也是中亚地区的一个佛教中心。汉代自张骞通西域后，许多商人往来于中亚西域一带从事商贸活动，这些商人中有些本来就来自于佛教流行地区，他们在来华经商的同时，也带来一些佛教经典。所以在汉哀帝时，由月氏王派人来汉地传播佛教，是完全可能的。

❈ 竺法兰像

❈ 摄摩腾像

《四十二章经》是怎样一部经？

相传汉明帝遣使西行求法，使者在大月氏抄写佛经四十二章。因此，佛教史上常常把《四十二章经》作为最早传入汉地的佛教经典。

关于汉明求法之事，由于年代久远，资料缺乏，具体情况已不可详考，至于《四十二章经》究竟是抄于大月氏，或是在洛阳译出，到梁代就已弄不清楚。近代有学者认为，《四十二章经》并非译自印度佛教经典，而是汉人自己撰写的。如梁启超先生曾断言：这部经并非根据梵文原本比照翻译，而是人们在许多佛教经典中选择精要，仿照中国的《孝经》、《老子》等书编撰而成。所以此经只是一个编撰本，而非译本（见《梁任公近著》第一辑中卷）。中国著名的佛教学者吕澂先生则把《四十二章经》与三国时译出的《法句经》进行对比研究，认为《四十二章经》抄于《法句经》，而且其抄出的年代当在公元301年至342年之间，因此得出结论：《四十二章经》不是最初传来的佛经，而且还不是直接的译经，而是一种佛教经典的简明抄写本（详见吕澂《中国佛学源流略讲》第一讲及附录）。

与此相反，著名佛教史学家汤用彤先生则经过详细考证，认为《四十二章经》并不是由中国人自己编

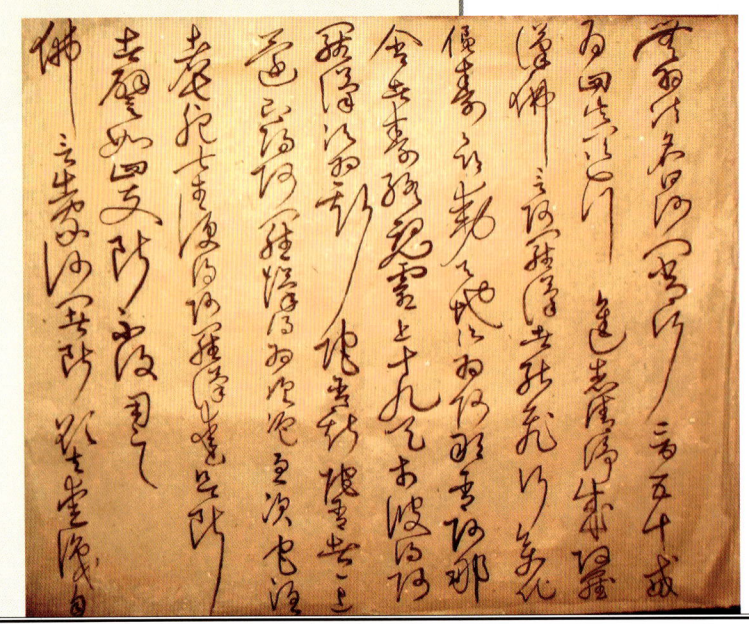

草书四十二章经

撰的,而是汉代末年译出的一部"外国经抄"。这部经在汉晋之际曾出现过几种不同的译本,可见当时颇为流传。但后来经过人们多次改动,加入了许多新的内容,反而使后人对这部经的出现年代产生怀疑。汤先生还认为:汉译《四十二章经》的文句质朴平实,其内容虽出自小乘佛典,但与汉代流行的道术颇有相通之处,因而成为当时社会上最流行的佛教经典(详见汤用彤《汉魏两晋南北朝佛教史》第一部分,第三章《四十二章经》考证)。总之,《四十二章经》是佛教传入中国的初期,在社会上比较流行的一部佛经。但它不是一部独立的经典,而是从小乘佛教经典中辑录出一些佛教基本教义的"经抄"。其内容着重阐述早期佛教宣扬的人生无常、贪爱和欲望之弊等等,劝人们放弃

❀ 河南洛阳白马寺齐云塔

　　为金代所建砖砌密檐式塔,通高53米,共13层。

世俗欲望,追求出家修道的修行生活。《四十二章经》是一部为适应佛教初学者需要的入门书,在佛教刚刚开始传入汉地的时候出现这样一种经抄类型的汉文佛经,完全适应了佛教在汉地发展的需要,它在社会上的流行,对当时佛教的传播和发展起了相当大的作用。

汉代佛经翻译有哪两大系统？

佛教在中国的落地生根，是与佛教经典翻译的发展分不开的。两汉之际，佛教传入汉地，但正式见于史籍记载的佛经翻译，却要晚到公元2世纪中叶。汉代佛经翻译，主要有两个系统：一是以安世高为代表的小乘「禅数」学派，一是以支娄迦谶为代表的大乘「般若」学派。

安世高，一名安清，原为安息国太子。他广览佛经，尤其精于上座部系统说一切有部的理论学说。他曾游历西域各国，通晓各国语言。汉桓帝建和二年（148）来到洛阳，开始从事佛教经典的翻译工作。他共译出佛教经典30余部。其中主要有《安般守意经》、《阴持入经》、大小《十二门经》等，这些经典多为小乘佛教说一切有部的经典。

安世高所译的经典，重点在"禅数"之学。所谓"禅数"，"禅"指禅观，即指通过修习禅定而进入静虑状态，由此而领悟佛教的觉悟之道。禅观的方法有多种，其中如"安般守意"，是要求修行者在修行过程中有意识地控制气息出入，守持意念，专心于一境。其他如《十二门经》、《大道地经》等经典都是指导修行者修习禅定的佛教经典。"数"是用数字把佛教中各种繁多的名词概念加以分类论述，从而阐释佛教基本理论的一种方法。这种方法又称为"数法"如"四谛"、"八正道"、"十二因缘"、"五蕴"、"十二处"、"十八界"等。

支娄迦谶，亦称支谶，原是月氏国人。他于汉桓帝时来洛阳，至汉灵帝中平年间（184～189）共译出佛教经典十多部，其中确实可考的是《道行般若经》、《首楞严三昧经》、《般舟三昧经》三部。他所译出的佛经，数量虽然不多，但对

中国思想史和中国佛教史的发展却有很大的影响。如他所译的《道行般若经》，是一部反映佛教般若学的较早的一部佛经，主要宣扬大乘佛教的"诸法性空"、"诸法如幻"的思想。魏晋时期，佛教般若学引起了当时许多学者的兴趣，从而形成了一个研究高潮，并出现了魏晋般若学的"六家七宗"之说，推动了中国思想史的发展。另外，《首楞严三昧经》和《般舟三昧经》都是讲大乘禅观的佛经。特别是《般舟三昧经》还特别宣扬了阿弥陀佛的西方净土，后来净土思想流传，实以此为开端。

东汉末年来华传教的印度、西域佛经翻译家中，安世高和支谶是最有影响的两个。他们翻译的佛经和介绍的佛教流派各有不同的侧重，代表了当时佛教的两个不同的学说系统。这两个学说系统，是从汉代一直到魏晋时期的数百年间中国佛教两个主要学说系统，只是后来由于大乘佛教的学说更适合中国的社会思想和文化环境，才得到越来越大的发展，以至成为中国佛教的主流。

❀ 甘肃敦煌莫高窟张骞出使西域壁画，是研究丝绸之路历史、佛教东传史和中外交通文化交流史极为珍贵的形象资料。

《牟子理惑论》是怎样一部书？

《牟子理惑论》通称《牟子》，或叫《理惑论》，该书记载了汉明帝遣使求法的故事。该书是佛教传入中国初期，由中国古代文人所写的一本宣扬佛教教义思想的著作，因此对于研究中国佛教的形成和发展有很大的参考价值。

《牟子理惑论》最早见于陆澄的《法论》，陆澄将此书著录在"缘序"集中，并注曰："一云苍梧太守牟子博传"。但《隋书·经籍志》"子部·儒家类"中，著录《牟子》二卷，注曰："汉太尉牟融撰"。这引起人们对《理惑论》一书真伪问题的争论。近代以来，部分学者认为此书应是晋宋间人所作，如著名学者梁启超、吕澂等就有这种看法。也有许多学者认为此书确是汉魏旧帙，胡适之、余嘉锡、周叔迦、汤用彤等都是持这种主张。

从现存《牟子理惑论》一书内容看来，此书当为汉魏之际所著，特别是从书的《序传》一节来看，所述史事多可与史实相印证，并可补史料之所阙。当然，本书作者究竟是苍梧太守牟子博，或是东汉三国之际的另一个牟融，已无从确考。

《牟子》全书共39章，首章为"序传"，末章为"跋"。正文共37章（或称37篇）。文章采用"自设宾主"进行问答的形式展开，所问者对佛教提出种种疑问，回答者则引经据典，给以解释，通过解释而对佛教教义学说加以发挥阐述。该书作者大量引用儒、道和诸子百家的论述，力图说明佛教教义与中国社会传统思想的一致，具有明显的

❀ 云南噶丹松赞林寺的轮回图

松赞林寺汉语称为"归化寺"，是云南藏传佛教寺院之首。

佛教小百科

儒、佛、道三家合一的思想倾向。

另外，汉代人们把佛教看做为神仙方术的一种；魏晋时期，老庄、玄学思想盛行，一些人又以玄学释佛学，而《牟子理惑论》中既有精

❁ 雕于南宋时期的重庆大足宝顶山大佛湾第17号窟的阿难像。

灵不灭、祸福报应的思想，又有以老庄"无为"学说来解释佛理，这些情况也值得引起我们的注意。

佛教何时开始传入江南地区？

佛教传入江南地区的时间，现在已经没有确切的文献资料可考。西汉末年战乱，中原关洛一带地方的许多百姓逃到南方，佛教信仰亦随之传入南方。《牟子理惑论》的作者就曾因避战乱而到交趾，并在此研习佛法。

三国时期，在江南从事佛经翻译和传教活动的僧人逐渐增多，佛教在江南流行起来。在从事译经和传教的僧人中，支谦和康僧会影响最大。

支谦祖籍月氏，他的祖父在汉灵帝时归附东汉，支谦从小生长在汉地，精通中华文化，13岁时又学西域各国语言文字，"备通六国言"。支谦译经，据支愍度《合首楞严记》说，自黄武（222～228）至建兴（253～254）年间，共译出佛经数十部。据《出三藏记集》有36部、48卷。其中重要的是《阿弥陀经》、《维摩诘经》、《瑞应本起经》等。

《阿弥陀经》亦名《无量寿经》，主要宣扬阿弥陀佛的西方净土信仰，此经后来成为净土宗的主要经典之一。《维摩诘经》是说在家居士之事。经中宣扬了古代印度毗舍离地方的一位名叫维摩诘的大居士，深谙佛理，常常出入各种场所，宣扬大乘佛教义理。此经在姚秦时由鸠摩罗什重译，受东晋以后门阀士族阶层的欢迎而特别流行。《瑞应本起经》是释迦牟尼佛的本生故事，文学性比较强，支谦的翻译笔法流畅、文句简略。

康僧会的祖先是康居人，康僧会自幼出家，公元247年，康僧

❀ **维摩演教图**

维摩，也称维摩诘，意译是"净名"或是"无垢称"，是一个在家的大乘佛教居士，是著名的在家菩萨。

会来到吴国的都城建业进行译经传教活动。据说孙权初时不信佛教，后因康僧会显示神异，求得舍利，所以为他建立了寺院，号为"建初寺"，相传这是江南最早的佛寺，所以称为"建初"。佛教初传江南时，其教义学说还不被人们理解。为了推动佛教的流传发展，康僧会并不是直接阐述佛教的出世之说，而是着重以中国传统儒家思想和天人感应的神学学说来解释佛教教义，又以通俗的善恶报应说来诠释佛教轮回报应思想。他的这套宣传方法取得了一定的成功，以致后来许多佛教史籍将康僧会的传教活动作为江南佛教的开始。

康僧会翻译的佛经，据《出三藏记集》卷二，《新集经论录》等记有二部十四卷。其中最重要的是

❈ **尸毗王割肉贸鸽图**
讲述尸毗王乐善好施，甘愿舍身割肉以救护一只被恶鹰追逐的鸽子的故事。

《六度集经》。全书分八卷，按大乘佛教教义所说的"六度"分为六章，辑录各种佛经共九十一篇。严格说来，这是一部编译的佛经。前五章中，每一章开始都有一个提要性的序言，概说佛教教义，整部经典以所谓"菩萨本行"，即佛陀前生种种神话故事来说明佛教的教义教理。《六度集经》译出后，对佛教普及起过很大作用。其中有些神话、寓言故事流传很广，并对中国文学的发展也有很大影响。

"敦煌菩萨"因何得名？

"敦煌菩萨"是指西晋译经僧人竺法护。竺法护，祖籍敦煌，本姓支，梵名昙摩罗刹，后依师竺高座出家，出家后随师以竺为姓。世居敦煌，本人又长期在敦煌一带进行译经活动，所以被人称为"敦煌菩萨"。

竺法护聪明博学，广泛涉猎"六经"百家诸说，因有感于当时的佛教徒只重视寺庙图像的建造，而忽略大乘经典的传译，因此遍游西域各国，搜集了大量佛经原本回长安。回来后他往来于洛阳、长安、敦煌之间，从事佛经翻译。他先后译出佛教经典一百五十余部。所译经典包括属《般若经》类的《光赞般若经》、属《华严经》类的《渐备一切智德经》、属《宝积经》类的《密迹金刚力士》和属《法华经》类的《正法华经》、属《涅槃经》类的《方等般泥洹经》等，可以说早期大乘佛教各部类的一些主要经典基本上都有翻译。因此他的翻译工作为大乘佛教各流派在中国的传播开辟了道路，并受到历代佛教学者的赞赏。东晋孙绰作《道贤论》时，称赞竺法护"德居物宗"，并把他比做竹林七贤中的山涛（山巨源）。

竺法护所译佛经中，对后世影响较大的有《光赞般若经》、《正法华经》、《渐备一切智德经》等。

《光赞般若经》十卷，晋太康七年(286)译于长安。此经原本由于阗沙门祇多罗带来。与朱士行在于阗所得的《放光般若经》为同本异译。但此经译出后一直湮没于凉州，在西晋时几乎没什么影响。过了九十余年，东晋名僧道安才于太元元年(376)得到此经。道安将此经与朱士行在于阗所得的《放光般若经》进行对比研究，获很多心得，著《合放光光赞随略解》、《光赞析

敦煌鸣沙山驼影

敦煌位于联系内地与中亚交通的"丝绸之路"上，自古商旅交通不断，佛教也由这里传入内地。

中解》、《光赞抄解》等，由此促进了魏晋时期佛教般若学的研究。

《正法华经》十卷，是竺法护于晋太康七年（286）译于长安。这是一部早期大乘佛教经典。经中以许多比喻说明佛以"权方便"设种种教化以普度众生，使人人得以成佛。经中还塑造了一个大慈大悲、救苦救难的观世音（译为"光世音"）菩萨的形象，宣称遇难众生只要诵其名号，即会以种种化身解救急难，使人逢凶化吉，转危为安，这对当时处于战乱动荡中的广大受难民众具有极大吸引力。

《渐备一切智德经》十卷，于晋惠帝元康七年（297）译于长安。此经是《华严经·十地品》的异译本。主要讲大乘菩萨在修行过程中必须经历的十个阶段。后来北朝菩

❀ 行道天王图

描绘了毗沙门天王及其护持巡查的场面。

提流支等译《十地经论》，就是更具体地阐述这一内容的。由研习《十地经论》而发展成的"地论学派"和"地论师"，直接影响了隋唐之际中国佛教宗派的发展。

"般若学"在魏晋时期为何流行?

"般若学"是指对佛教《般若经》义理进行研究,并大力阐发《般若经》思想学说而形成的一个中国佛教学派。在魏晋南北朝时达到高潮,并成为当时佛教的基础理论。

《般若经》的流传,可以追溯到汉末支谶译出《道行般若经》,三国时支谦又译《大明度无极经》,这是《般若经》的两个最早的译本。魏晋之际,各种般若类经籍开始被大量翻译介绍。魏甘露年间有朱士行西行求法(260),在于阗获得《般若经》梵本,后由竺叔兰、无罗叉译出,是为《放光般若经》,西晋竺法护又译出《光赞般若经》等。在姚秦鸠摩罗什系统地介绍大乘空宗思想之前,《般若经》已经在汉地相当流行了,而此时魏晋玄学的兴起,又为魏晋时期佛教般若学的兴起和发展创造了条件。

汉魏之际,中国传统学术思想发生一大转变,这就是玄学兴起,取代了汉代的经学而成为当时学术思想的主流。玄学从本体论角度讨论现象与本质的关系,提出本末、有无、体用等一系列重要范畴,是一种思辨性很强的哲学思潮。玄学的目的是论证现象世界的背后有着永恒的、真实的、非语言形象所能表述的精神本体,即"道",或"无"。佛教般若学则旨在论证客观世界的虚妄不实,它着重宣扬"诸法性空"的思想,认为客观的现象世界以及世俗的认识都是虚假而不实,只有

❀ 印度波罗时期的般若波罗蜜多像
般若波罗蜜多为佛教万神殿中至高无上的女神。

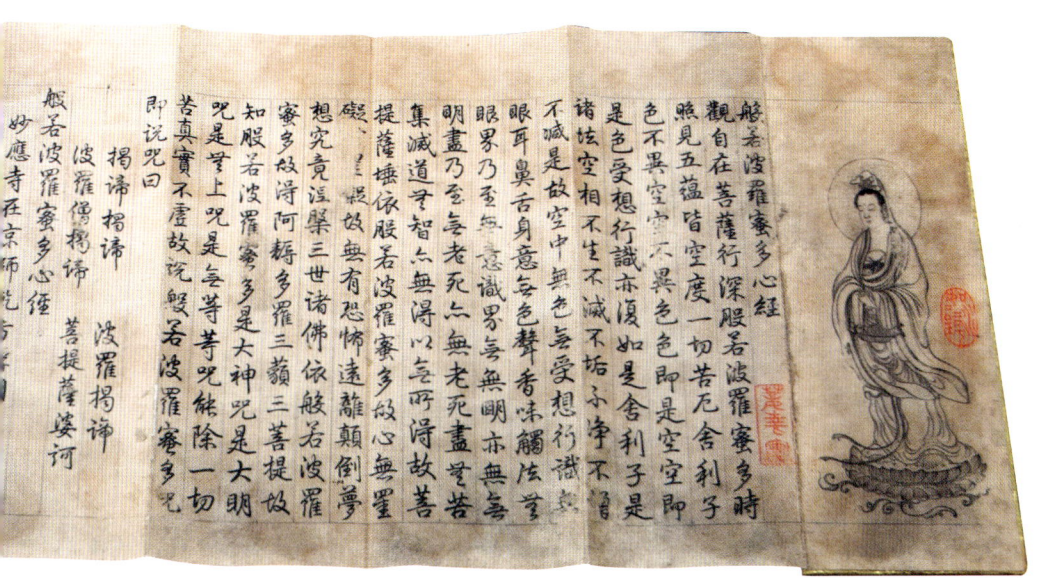

❁ 行书《般若波罗密多心经》卷（局部）

通过般若智慧，体得永恒真实的"诸法实相"，或者说是"真如"，才能得到彻底的觉悟，解脱一切烦恼的精神境界。因为般若学与玄学在思想理论上和认识方法上有着相似之处，所以伴随着玄学的兴起，魏晋时期的般若学也得到了迅速广泛的传播。

在般若学的研究中，一些学者采用了"格义"的方法，对玄学和佛学的合流，以及般若学的兴起也起了很大的促进作用。所谓"格义"，实际上就是以传统的中国哲学名词概念去比附和解释佛教的名相、术语，它着重于从义理方面融会中外两种不同的思想，以消除在玄学和佛学交流中的隔阂和抵触，使两种不同的学术思想得到沟通，使人们容易理解和接受佛教这样一种外来宗教。在般若学的研究中，许多佛教学者往往用老庄玄学思想和语言来解释佛教教义，以迎合当时社会的需要。

两晋之际，玄学本身已经历了贵无、崇有、独化这样一个发展过程，基本上完成了它的逻辑发展。正在此时，佛教般若学悄悄兴起，于是许多玄学家把兴趣转向佛学。佛教般若学也需要依附和吸收玄学思想来发展自己，于是形成了玄学和佛学合流的情况。般若学便在这种社会思想条件下迅速地发展起来。

魏晋时期般若学的"六家七宗"是指哪几家？

魏晋之际，佛教般若学发展到了高潮，但由于当时佛经翻译译理不清，义多暧昧，由此产生了种种不同的理解。而且，般若学受到玄学的影响，玄学的许多问题被带进般若学的研究中。

所谓"六家七宗"，依晋宋间僧人昙济所著的《六家七宗论》列举，分别为本无宗、即色宗、识含宗、幻化宗、心无宗、缘会宗六家，其中本无宗又分出本无异宗，合称"六家七宗"。但隋代吉藏在《中观论疏》中论及当时般若学各派时，认为在鸠摩罗什来到长安之前，佛教般若学本有三家，即心无、即色、本无三派。鸠摩罗什的弟子僧肇作《不真空论》，对魏晋般若学各派理论进行总结，也以此三家为代表。

"本无宗"的代表人物是东晋时的释道安。道安是东晋时期的名僧，他很重视对般若学的研究，他将大、小品《般若经》进行对比，把《光赞般若经》和《放光般若经》进行对比，从而提出他的观点。他认为般若法性，常静至极，无为无著，悠然无寄。要达到这样一种境

《金刚经》卷首插画（局部）

描绘佛陀与弟子须菩提交谈，佛胸前带有万字图饰，围绕他的是剃发的僧侣、凶猛的护卫及随从。《金刚经》全称《能断金刚般若波罗蜜经》，是中国禅宗南宗的立宗典据，现藏英国大英图书馆。

❀ 陕西户县草堂寺鸠摩罗什像

鸠摩罗什在南北朝时来到内地从事译经,是中国佛教历史上的一大译经家。他所译的《大品经》、《妙法莲花经》等,简洁晓畅,广为流传。

界,必须泯灭个人的主观认识功能,使"心"的作用不起,主客观作用都泯灭,最后留下一片空寂的"无所有",这就是"法之真际",也即是佛教的最高精神境界。因为这一派以"无"为"本",为最高境界,所以称为"本无"。

"心无宗"创始人为支愍度,也是一位博学的佛教学者。东晋初年,因避战乱,他渡江来到江东,为了适应江东的玄学潮流,于是创立"心无"义,自树一帜。这一派着重从主观意识上强调"无",至于客观外界事物究竟是"有"还是"无",则未加明确阐述。在这一点上,"心无宗"与"本无宗"正好互相对立。由于这一派学说并未明确否定客观外界事物,因此被认为带有唯物论倾向而遭到"本无宗"的强烈批评,被看做是"邪说"。

"即色宗"以东晋名僧支遁为主要代表。支遁精于《般若经》义理,他与东晋名士谢安、王羲之等交游,以好谈玄理而闻名于当世。他曾著《即色游玄义》阐述他关于般若学说的思想学说。这一派的学说特点是"不坏假名,而说实相",即并不直接否认物质世界的客观存在,而是着重论证客观事物本性并不自有。"即色宗"承认事物的本体与现象之间有差别,主张通过现象去认识事物本体,这种思想在魏晋般若学"六家七宗"中最接近佛教般若思想的本来意义,但由于他们当时还未掌握般若学"有无双遣"的认识方式,所以并未能最后建立般若学"非有非无"的本体论思想体系。这一任务,最后由鸠摩罗什的弟子,东晋末年的僧肇所完成。

《肇论》是一本什么样的书？

《肇论》一书，由后秦时僧人僧肇所著，是一本系统阐述佛教般若学思想的论文集，该书所表达的佛学思想对后世影响很大。

僧肇（384～414），晋代著名僧人。他对魏晋以来流行的佛教般若学各家学说进行了总结，完整地阐述了大乘佛教般若性空的教义学说，被当时的人们称为"东土解空第一"。

《肇论》的开篇《宗本义》概述了全书的大意，第四篇《涅槃无名论》论述了佛教的最高精神境界"涅槃"的无生无灭，绝言忘相。其余的三篇则是僧肇著名的代表作。《物不迁论》主要发挥般若性空思想，从时间和空间角度论证世界万物看似变化，实际上并没有真正地发生变化，变化着的只是事物的假相，"若动而静，似去而留"。《不真空论》阐述了佛教关于般若性空的思想学说，认为世界万物是由因缘合和而成，所以虽无而有，虽有而无，非有非无，称之为"空"。《般若无知论》着重论述佛教的般若智慧无知无相，却又无所不知，洞照万物。

僧肇的般若中道观，完整地阐述和发挥了大乘佛教般若性空思想，把魏晋以来般若学的发展推向了一个新的高峰，至此，魏晋时盛行的佛教般若学完成了它自身的发展过程。

❀ 北京大悲寺山门殿四大天王之西方广目天王、北方多闻天王

"生公说法,顽石点头"是怎么回事?

苏州虎丘山畔,有一块巨大的磐石,相传为当年"生公说法"的"说法台",说法台的旁边还有一块"点头石"。"生公说法,顽石点头"这一典故就是发生在这里。

"生公"是指晋宋年间僧人竺道生。他曾提出"一阐提人"(佛教所谓断善根之人)也有佛性,也能成佛的看法。据说,他曾在苏州虎丘山的一块巨石上进行说法,阐述"一切众生都有佛性",周围的石头纷纷点头表示赞同,于是留下了"生公说法,顽石点头"这一典故。

竺道生是晋宋间佛教涅槃学派的代表人物。所谓涅槃学派,是专门研习和弘传《涅槃经》的一个学派。《涅槃经》的核心问题是佛性问题,即成佛的依据和可能性问题,继魏晋般若学之后,这成了佛教义学的中心问题。南朝时期,人们的地位由家族出身和门第高低决定,甚至人的才能和品德的优劣也都由门第出身决定。儒家的封建伦理观对这种不平等、不合理的现象却并未作出说明。在这种情况下,"一切众生都有佛性"说法的出现,恰好弥补了封建伦理观念中的不足部分。这和"人皆可以为圣贤"的儒家"性善论"一样,在一定程度上缓和了封建社会的阶级矛盾。因此,南朝时期涅槃佛性论的出现,符合了当时社会的客观需要。

虎丘千人石

◎ 佛教小百科 ◎

历史

慧远在中国佛教史上地位如何？

慧远是东晋时期著名僧人，长期在庐山传教。由于他的佛学造诣和他本人在品行方面的吸引力，所以当时在他周围汇集了一批人，其中不乏饱学硕儒、文人学士，从而形成了一个教团，使庐山成了当时江南的一个佛教中心。

慧远（334～416）原籍雁门楼烦（今山西宁武附近），自幼学习儒家经典和老庄之学，博通六经，是一个学识渊博之士。16岁时，慧远因避乱而来到了太行恒山，正巧当时释道安在此立寺传教，慧远听道安说法后，遂投入道安门下，学习佛学。

道安是当时佛教界著名的领袖人物。慧远在道安门下学习长达25年，在此期间，他埋头于佛教义理的研究，深得道安器重，认为他是承担佛教在汉地传播重任的理想人选。公元379年，道安遣散弟子分赴各地。慧远离开道安，率弟子数十人南下。到他们来到庐山时，认为这里是修行的好地方，于是决定在此定居。自此以后，他隐居庐山东林寺30余年，直到逝世，一直"影不出山，迹不入俗"。

慧远在庐山的活动，主要有以下：1.组织佛经的翻译。慧远来到庐山后，曾派弟子支法领等西行求经。后来，他请罽宾沙门僧伽提婆来庐山，译出《阿毗昙心论》、《三法度论》，请佛陀跋陀罗译出《修行方便禅经》等。这些经论都属小乘佛教"说一切有部"的典籍，后来江南毗昙学曾一度流行，与这些经籍的译出和慧远的提倡有很大关系。2.宣扬三世轮回报

《庐山观莲》

清代著名画家上官周《人物故事图》册之一，描绘东晋僧人慧远于庐山结白莲社，与当时高僧贤士、社会名流交往的故事。

❋ 石涛·莲社图

应教义。慧远将印度佛教业报轮回说与中国传统的善恶报应思想相结合，写了《明报应论》等论文，系统阐述、论证了三世报应的理论。他认为产生报应的根源是愚昧和无知，由此产生贪欲，使人的思想凝滞于外物，从而结成轮回主体，使得生生相推，祸福相袭，轮回报应也就相继而生。慧远的三世报应说，把产生报应的全部原因归结为个人的"无明"和"贪爱"。这些解释巧妙地融合了佛教教义和中国传统思想，使得人们比较容易接受。而且由于慧远本人常年隐迹山林，在当时有很大的号召力，所以由他来提倡三世所报应说，影响也更为广大。3.调合佛教义理与儒家名教纲常的矛盾。依印度社会风俗，佛教出家修行者不必对在家的父母，以及权高位重的统治者施礼。佛教传入中国后，这一习俗受到中国传统思想和习俗的挑战，一直是儒佛论争的一个重大问题。东晋时，关于沙门是否应当礼拜父母与王者，也曾引起几番争论，为此，慧远曾著《沙门不敬王者论》等，以调合佛教义理和名教纲常的矛盾。慧远认为，出家者所追求的是佛教的"宗极"，故不应随顺世俗礼法。但他并不排斥名教的礼仪，他认为两者可以互相影响，相辅相成。他认为出世的佛教也是济俗的要务，出家人虽离家弃宗，但并未背离"忠孝"的原则。慧远从佛教立场出发，调和佛教学说和礼教之间的矛盾，巩固了佛教在封建社会中的地位。4.宣扬净土信仰。慧远在庐山时，曾在阿弥陀佛像前立誓往生西方净土，提倡西方阿弥陀佛的净土信仰，对后世净土宗的形成有很大影响，宋明以后，净土信仰成为中国佛教的一大主流，慧远也被推为净土宗的创始人。

除此以外，慧远还作《法性论》叙述他对佛教教义的理解，并在《沙门不敬王者论》、《明报应论》等文章中，论述了他关于形神问题的看法，表达了他的神不灭思想。

什么是「白莲社」?

所谓「白莲社」,是指东晋僧人慧远和其同道的一些人为往生西方净土而结的念佛社。据《高僧传》等记载,慧远在庐山时曾依据《般舟三昧经》,提倡西方阿弥陀佛的净土信仰,与刘遗民、周续之等人在阿弥陀佛像前立誓,共期往生西方净土。

莲宗",号召人们皈依佛法,遵守五戒,念阿弥陀佛。他自称"白莲导师",宣称只要信仰净土教义,即使"不断烦恼、不舍家缘、不修禅定",死后也能往生西方极乐世界。他所创立的白莲宗,后又与弥勒信仰混合而形成白莲教,成为民间秘密宗教。白莲教在元末曾被利用作为组织和发动农民起义的工具。近代,也有许多地方信仰净土宗的佛教居士,效法庐山"白莲社",结社念佛。

此事自中唐以后,逐渐演化成有一百二十三人追随慧远,共结白莲社之事。又传有陶渊明等三人不入社,仅作社外之交等。关于"白莲社"的名称,也有多种解释,有的认为是东林寺中多植白莲之故;有的说是往生西方极乐净土者,以九品等级从莲花中降生,故名;也有的认为是入社者品格高超,不为名利所污,有如白莲出淤泥而洁白不染,故以白莲为喻。

"白莲社"之事,当然出于附会,但自中唐以后,特别是在宋元时期,关于白莲社的故事在民间的影响,随着净土宗的流传而广泛传播。如南宋初年有茅子元者,在平江定山湖(今上海青浦、江苏昆山一带)建立"莲宗忏堂",创立"白

❀ 莲社图

莲社乃净土宗始祖慧远所结,其最著名人物有所谓十八贤,方外居士有刘程之、张野、周续之、张诠、雷次宗等人。

鸠摩罗什翻译了哪些佛经？

中国的佛经翻译以鸠摩罗什为界，在他以前所译的经籍被称为旧译，而自鸠摩罗什之后译出的经籍则被称为新译。鸠摩罗什的译经活动标志着中国佛教的理论水平已达到了一个新的高度。

鸠摩罗什（344～413）是龟兹（今新疆维吾尔自治区库车一带）僧人。

公元401年，鸠摩罗什被请到长安。当时的后秦国主姚兴待他以国师之礼，请他主持译经之事。当时各地义学沙门慕名而至，以鸠摩罗什为首，形成了一个庞大的译经道场。在译经过程中，鸠摩罗什门下涌现了一大批佛学人才，如僧肇、僧睿、道生等。这些人后来分布于各地讲经说法，大大地推动了中国佛教的发展。

鸠摩罗什从公元401年到长安，一直到公元413年去世，与弟子一起翻译大小乘经、律、论35部，294卷，其中主要有《大品般若经》、《法华经》、《维摩诘所说经》、《阿弥陀经》、《金刚经》以及《中论》、《百论》、《十二门论》、《大智度论》等。

由于他本人佛学造诣精深，又曾在凉州居住十多年，精通汉语，并且他的弟子中又有一大批杰出人才，所以所译的佛教经论，质量很高，其中一部分成为世间流传的译本。

鸠摩罗什所译的经论，系统地介绍了大乘佛教空宗（中观宗）的思想。如他所翻译的《大智度论》，是中观学派创始人龙树所撰，主要发挥般若性空思想，对《大品般若经》作了系统的解说和论证。鸠摩罗什还特别详译了论中解释《大品经》"初分"的部分，这一部分详细地阐述了佛教的名相概念，这正是长期以来从事佛教般若学研究中一直没弄清的地方，所以鸠摩罗什的翻译推动了般若学的研究。

鸠摩罗什所译的《中论》、《百论》、《十二门论》进一步深入阐述了大乘佛教空宗思想，并以"世俗谛"和"胜义谛"论证了"缘起性空"和"不生不灭，不常不断，不一不异，不来不出"的所谓"八不中道"观。

◎佛教小百科◎ 历史

梁武帝"舍身入寺"是怎么回事？

南京鸡鸣寺山门

两千年来，佛教在中国的传播和发展，与历代统治者的支持和扶植分不开。晋代僧人道安曾明确地讲过，如不依附于当权者，佛教不可能广泛流传。纵观中国历史，历代崇佛最甚的统治者，当推南朝梁武帝。

梁武帝萧衍，字叔达。生于公元464年，死于公元549年，出身于侨居南兰陵（今江苏武进县）的寒门，曾为齐竟陵王萧子良的门客，擅长文学，与当时文人名士沈约、任昉等相交甚好。南齐时萧衍曾被任命为雍州刺史，后来他乘南齐的内乱，起兵攻入建康（今江苏南京），并于公元502年代齐而立，建立了梁朝。

梁武帝曾经信奉道教，与当时著名道士陶弘景关系密切。当梁武帝准备篡夺齐朝政权时，陶弘景曾派弟子投送书信表示支持，还援引图谶以示梁朝代齐是上应天象，合时运之变，因此当梁武帝即位后，对他"恩礼愈笃"，还常派人向他请教国家大事。

但梁武帝即位不久，便改奉佛教。梁天监三年（504）他下诏宣布"舍道事佛"，要求王公贵族、公卿百官等"返伪就真，舍邪入真"。在他不遗余力的倡导之下，南朝佛教很快进入全盛时期，寺院、僧尼数量迅速增加。仅建康一处，就有寺院五百余所，僧尼十万余人。他亲自敕建的就有大爱敬寺、智度寺、光宅寺、解脱寺、开善寺、同泰寺等。唐代诗人杜牧所说的"南朝四百八十寺，多少楼台烟雨中"，形象地描写了当时南朝佛教的盛况。梁武帝本人也因登峰造极地扶持佛教而被称为"皇帝菩萨"。

梁武帝融合儒佛道三教，着重宣扬佛教的神不灭论和因果报应思想。他本人是个博学的学者，通儒佛道三家经义，曾著《孔子正言》、《老子讲疏》，并且还作《大品般若

经》注解、《大涅槃经讲疏》、《净名经义记》等一些佛教注疏，写了许多重要的佛学论文，组织和参与了关于神不灭问题的辩论。他又创水陆大斋，无遮大会等法会，亲自讲经说法，并制定了《涅槃忏》、《大般若忏》等，相传由他所制的"梁皇忏法"，至今仍流传在世。

为了表示他对佛教戒律的重视，他曾明令禁断肉食。在他亲撰的"断酒肉文"中，反复阐明禁断肉食的必要性和重要性。由于他的倡导，汉地佛教僧人改变了原来食"三净肉"（就是不为杀，即不是为了你才杀的；不闻杀，即你没有听见或看见；不所杀，即根本不是你杀的）的习俗，使素食习惯成为汉地佛教的一个特色。

梁武帝"舍身"同泰寺，使他的崇佛达到了戏剧性的高潮。据《南史》记载，他先后曾经四次舍身同泰寺。第一次是公元527年，他舍身同泰寺，在寺四天。第二次529年，后由群臣出钱一亿"赎"回。第三次在546年，他去同泰寺舍身，并宣称他连宫人以及全国都"舍"了，结果由群臣化钱二亿"赎"回。最后一次是547年，这一次"出家"三十七天，又由群臣化钱一亿"赎"回。前后四次"舍身"，使同泰寺得钱四亿。

❀ **南京鸡鸣寺**

鸡鸣寺，又称古鸡鸣寺，其前身为梁武帝四次舍身入寺的同泰寺。

"三武一宗"之难指什么？

"三武一宗"，是指北魏太武帝，北周武帝，唐武宗和后周世宗。在中国历史上，这几位皇帝曾经发动过毁灭佛法的事件，使佛教在中国的发展受到很大打击，因此在佛教史上被称为"法难"、"三武一宗"之厄等。

佛教是外来宗教，是一种异国的意识形态和文化现象，它在中国的传播和发展，引起了与中国传统思想文化及宗教的矛盾。另外，佛教的发展，消耗了大量的经济资源。种种矛盾交织在一起格外突出时，便会导致通过政治和行政的手段加以解决。中国佛教史上所谓"三武一宗"之难，就是这种矛盾斗争激化的结果。

第一次"法难"发生在北魏时期。北魏太武帝拓跋焘，是北魏皇朝的第三代皇帝。即位之初他曾信仰佛教，后来逐渐改信道教。公元445年，杏城盖吴谋反，太武帝亲自出兵讨伐。当他率军进入长安时，发现有些佛教寺院藏有兵器，此外又在寺院中查得酒具及大量钱财，还发现寺内有"窟室"，"与贵室女私行淫乱"，于是下令诛长安沙门，焚烧佛像，并命令全国各地废佛。此次灭佛，由于各地沙门事先得到消息，提前亡匿，金银佛像以及诸经论也大多被隐藏起来。但北魏境内所有寺院佛塔，几乎都遭损毁。这是佛教在中国受到的第一次严重打击。

第二次发生在北周武帝时。当时还俗沙门卫元嵩上书武帝，认为治理国家并不在于佛教，尧

❀ 北京法源寺悯忠台的唐代石雕佛像

舜时没有佛教，可国家却十分安定，武帝表示赞同。于是多次召沙门、道士及百官辩论儒、释、道三教先后，最后于公元574年下令禁佛道两教，令沙门、道士还俗为民，并禁绝儒家经典中没有记载的各种祭祀。北周武帝还设立"通道观"，使佛道两教各若干人为"通道观学士"，由官吏管辖。公元557年，北周灭北齐，周武帝在又北齐境内推行灭佛令，使"北地佛教，一时绝其声迹"。此被称为第二武之厄。

第三次发生在唐武宗会昌年间，故亦被称为"会昌法难"。唐武宗认为佛教"非中国之教，蠹害生灵"，所以想废去，又得道士赵归真、刘元靖等相助，遂于会昌五年(845)下敕，于东西两都两街各留两寺，每寺留僧三十人，节度观察使治所和同、华、高、汝四州各留一寺，其余非应留者皆毁去。据统计当时共毁佛寺四万四千六百所，僧尼归俗二十六万多人。所废寺院田产皆没官，钟磬铜像等都委盐铁吏铸钱，铁像委本州捣铸农具，私家所有金银等像，令一月内送官。此被称为第三武之厄。

第四次发生在五代时后周世宗统治时。周世宗于公元955年四月下诏，严禁私自出家，不经朝廷许可的寺院不准存在，必须废去。此年废寺三千三百三十六所，所毁铜像用以铸钱。此次灭佛，距"会昌法难"一百余年。佛教经这几次打击，历代名僧章疏文论，散失佚尽，各种经论，多遭湮灭。

❂ **贴金彩绘石雕菩萨**
现位于山东青州龙兴寺。

北魏太武帝为何灭佛？

北魏太武帝灭佛，并不是偶然的心血来潮，这一项重大措施的执行，具有深刻的社会政治、经济背景。

首先，佛教的过分发展，加深了世俗地主阶级与佛教上层僧侣阶层之间的矛盾。在经济上，佛教寺院经济的发展，侵害了世俗统治者的利益。例如，僧尼享有免除赋税徭役的特权，而且，当时僧尼大多不直接从事生产劳动，因此，如果出家的僧尼数量过多，就会影响国家的税收和劳役。在封建社会里，户籍人口的多少，直接标志着一个国家力量的大小，因此大量在编之民投入寺院，减少了国家掌握的户籍和人口，妨碍了社会经济发展，这是国家不能容许的。此外，大量修建寺院佛塔，也要耗费社会巨大的人力和财力，同样使国家经济力量受到影响。总之，佛教力量的过分膨胀，给封建统治者带来一定的不利因素。

从社会政治方面看，统治北魏的拓跋部落自进入中原以后，逐步

❋ **江苏镇江金山寺山门**
　　金山寺是中国佛教禅宗四大名寺之一，建于东晋年间，距今已有1600多年历史。

※ **云冈石窟砂岩高浮雕飞天**

云冈石窟大约开凿于北魏文成帝和平元年（460），是中国最大的石窟之一，与敦煌莫高窟、洛阳龙门石窟和麦积山石窟并成为中国四大石窟艺术宝库。

采用了儒家思想进行统治，并运用了一些汉人儒生帮助他建立封建国家。儒家思想强调华夷之分，这对他们不利。故拓跋贵族总是强调自己祖先是从中原迁至漠北，与汉族祖先是同出一支。这样，在对待从西方传来的佛教方面，就有一些排斥心理。如太武帝灭佛之时，曾称西来的佛教僧侣为"乞胡"，袭用了当时反对佛教的一些汉人对他们的蔑称。

佛道之间的矛盾激化，也是太武帝灭佛的重要原因之一。北魏时，北方道教也发展起来。当时有道士寇谦之，一方面在山中修炼，一方面着手改组原始道教，剔除原始道教中不适应当时社会的东西，寇谦之通过北魏司徒崔浩接近了太武帝，向太武帝宣传道教，使太武帝逐步信奉道教。公元440年，太武帝改国号为"太平真君"，表示他接受了道教信仰，后他又至道坛受道教符箓正式成为道教徒。信奉道教的司徒崔浩，以学识广博而为太武帝所信任。崔浩对佛教是坚决反对的，因此太武帝反佛，多少是受其影响。

促使太武帝反佛的直接因素，则是一些佛教僧侣的不法行为。这次灭佛，虽然因太子拓跋晃的暗中庇护而减少了损失，但是这一行动对佛教徒思想上、心理上造成的阴影是极其巨大的，以致直接影响到后来中国佛教的发展。

什么是「僧官制度」？

僧官，是封建社会中由朝廷任命管理僧尼事务的僧人。他的职责主要是掌管僧籍，以僧律统辖僧尼。协调佛教与国家管理之间的关系，在政府有关机构统领下，处理有关佛教的事务。

❀ 北魏佛教造像石刻

僧官制度和寺院中僧事制度不一样，它是佛教传入中国后，受当时组织形式完整的官僚制度影响的产物，是佛教封建化的结果。

根据《大宋僧史略》、《佛祖统纪》等史料记载，汉代佛教输入中国之初，并未形成僧官制度。由于来华传教的传教师都是来自西域、印度等地，所以当时朝廷将他们安置于负责接待四方来宾的鸿胪寺，因此有关僧尼事务就由鸿胪寺直接掌管，汉魏之际沙门也隶属于该寺。

僧官的设置，一般认为起于十六国时期的后秦。西晋末年，中原大乱，最后晋朝在骨肉残杀中灭亡。当时江南是由琅琊王司马睿所建立的东晋小朝廷，而北方则陷入

❀ 北齐石刻释迦牟尼像

各少数民族贵族发动的战乱之中。在这种社会情况下，宣扬人生无常、生命是苦的佛教，获得了许多信仰者。到姚秦统治时期（384～417），国内"出家者十室而半"，公元401年，鸠摩罗什入关，闻名而至者聚集长安达几千人之多，这就需要有统一的管辖，一方面处理日常僧务，一方面约束僧尼的举动，以防出现非法行为。为此，后秦主姚兴于弘始七年（405）任命"僧正"、"悦众"、"僧录"，统管秦地僧尼，后来，一般以此为汉地僧官之始。

北魏道武帝曾于皇始年间（396～397）敕任沙门法果为"道人统"，以统摄僧徒。这是北魏僧官之始。后来文成帝大力复兴佛教，在中央设置"监福曹"，以道人统为监福曹正统，以都维那为副职。"道人统"后改称"沙门统"，由昙曜出任沙门统。地方上则设"僧曹"，以州沙门统负责治事。孝文帝时，监福曹改为"昭玄寺"，置大统一人、统一人、都维那三人，并置功曹及主簿员等职。宣武帝永平年间

❂ **北魏石刻佛祖像**

（508～511），又在各州郡诸寺设三纲（上座、寺主、维那）。北齐时，文宣帝天保二年（551）设立"昭玄十统"，以十位高僧担任；沙门法上为十统之首，称"昭玄大统"，又称昭玄统。此后中国历代的僧官制度都有变动。

第一个西行求法的人是谁？

根据史籍，我们可以了解到，中国佛教历史上第一个踏上西行求法这伟大而艰辛历程的人，是曹魏时期的汉族僧人朱士行。

安西榆林窟第三窟玄奘西行求法壁画

佛教在中国的传播，依靠佛经的翻译和流通。佛经来源除了靠来汉地传教的西域或印度僧人随身携带之外，还有许多是由汉地西行求法的人去印度本土或西域各国广为搜罗来的。在中国历史上，自魏晋南北朝一直到隋唐数百年间，西行求法之人络绎不断。

朱士行是曹魏时代颖州地方人。他少年出家，当时《僧祇戒本》刚刚传来汉地，他是汉地第一批受过戒的出家沙门之一。在中国佛教史上，在朱士行之前，也有一些所谓的"出家人"，由于那时佛教的戒律并未传入汉地，所谓的"出家"只是剪去头发，以显示与世俗的区别，但并未真正传授过佛教的戒律。朱士行的出家则受持了戒律，尽管当时的戒律还不完备。因此由于这一点，后人也有将他作为第一个真正的中国佛教的汉人出家人。

朱士行出家后精心研究佛教经典，当时"般若学"的研究刚刚兴起，各种《般若经》在社会上流传，而朱士行对于《般若经》的研究，更是格外用心。《般若经》的流传，可以上溯到汉末。当时支谶译出《道行般若经》，一直在社会上很流行，形成汉代佛学的两大系统之一。曹魏之时，由于"正始玄风"的影响，人们对与玄学有相似之处的佛教"般若学"的兴趣也开始上升，研究《般若经》的人越发增加。但由于早期中国佛教经典的翻译还不够完善，一些佛经翻译者在翻译过程中，遇

上自己不懂的，或是理解不够的地方，往往是误译，或只是简单地加以删略。这样，使一些译出的经文上下缺乏连贯，脉络不清，有时导致经意不通，使读者难以理解。此外，就翻译的质量来说，早期的佛经翻译往往较多直译，即所谓"质过于文"，由于中国和印度之间的文化区别，以及语言文字方面表述的习惯也不一样，因此直译的经文往往不符合中国人的阅读习惯，会使人觉得经文晦涩难懂，这种情况引起许多人的不满。朱士行在洛阳研究和讲解《道行般若经》时，常感叹这样一部大乘佛教的重要经典，却是译理不尽，使人无法真正理解经文的意义，因此他发誓要西行求法，去寻求般若经的原本。

曹魏甘露五年（260），朱士行出长安西行，辗转跋涉，最后来到于阗。于阗为当时大乘佛教集中之地，藏有许多大乘佛典。西晋时由竺法护译出的《光赞般若经》也是由于阗沙门祇多罗从于阗带来梵本。朱士行在于阗获《放光般若经》的"梵书胡本"九十章，六十余万言。但当时于阗国小乘佛教还有相当的势力，小乘教徒阻挠大乘经典的传播，因此朱士行未能很快将佛经传回。直到晋太康三年（282），即距他西行已经二十多年后，才由他的弟子弗如檀（法饶）将经胡本送至洛阳，又过了十年，至元康元年（292）才由于阗沙门无叉罗、居士竺叔兰等人译出。朱士行本人则在八十多岁时病死在于阗，实践了他为法捐躯的誓言。

❀ **于阗国王供养人像**

于阗是丝绸之路上有着悠久历史的古国。本图显示了于阗国时期人物的风貌。

法显西行取经有什么贡献?

自曹魏时的朱士行起,到晋宋之际,中国佛教的西行取经形成了一股热潮。许多汉地沙门,或孤身西进,或三五成群,结伴西行,取经求法。在这些人当中,东晋沙门法显是取得成就最高,而且也是影响最大的一个。因此他被人们誉为"五世纪初的伟大旅行家"。

法显是山西平阳郡人(今山西临汾西南),出身于一个笃信佛教的家庭,俗家姓龚。20岁时他正式出家受比丘戒。晋安帝隆安三年(399),据说这时法显已经50多岁了,这一年他约了慧景、道整、慧应、慧嵬4人,一同从长安出发,西行取经。

法显一行沿途经西秦、南凉等地,于公元400年来到敦煌,又到达鄯善国(今新疆若羌一带)。公元401年,法显来到西域佛教重镇之一的于阗国(今新疆和田)。在于阗,他详细考察了当地佛教流行情况、佛教遗迹,观看了为庆祝佛诞而举行的盛大的佛像游行仪式,于第二年进入北印度境内。法显游历了印度的北部、中部许多地方,访问了许多佛教胜地,学习了当地的语言文字,抄写了许多佛教经典,最后于公元409年离开印度,坐船来到狮子国(今斯里兰卡)。他在狮子国留住两年,搜求到《弥沙塞律》、《杂阿含》、《长阿含》等经典,搭乘商船,打算取海路回广州,但是途中遇到风暴,船在海中漂泊了90多日,后飘到南洋群岛的耶婆提国(今印度尼西亚)。在此停留5个月后,再次搭船向广州进发。经过3个月艰难行程,最后在山东牢山登陆,这时已是晋义熙八年(412)。次年,法显于陆路南下,来到了建康。法显西行,首尾相计历时15年之久,历

❋ 四骑士与指挥官

敦煌的西魏壁画,壁画中的战马除眼、鼻和四足外,全身都得到盔甲的保护。

经西域、印度 30 余国。

法显在印度、斯里兰卡等地搜得《摩诃僧祇律》、《萨婆多律》、《杂阿毗昙心》、《方等般泥洹经》、《弥沙塞律》、《长阿含》、《杂阿含》等佛教经律论多部。回国后，413 年南下建康，居建康道场寺，与同居此寺的佛陀跋陀罗合作译出《摩诃僧祇律》、《方等般泥洹经》、《杂阿毗昙心》等 6 部、36 卷。

法显对中国佛教发展的贡献是巨大的。中国汉地所传四部律中，由他带回的就有三部。另外，他所带回的《杂阿毗昙心》对当时毗昙学的发展，《方等泥洹经》的译出

❈ **宁夏固原须弥山石窟**

该石窟位于宁夏固原县须弥山南麓，有 100 多处北魏至明时期开凿的石窟，其中北周造像最为精美。

对南北朝时佛性论的研究和讨论，都起了重要作用。除此以外，《长阿含经》、《杂阿含经》也是佛教重要经典。

法显还把自己的游历经过记录成文，后人称之为《佛国记》，或《法显传》。此书被认为是研究古代中亚、南亚诸国的社会历史、经济状况、文化风俗和宗教信仰的宝贵资料。近代以来受到国际学术界的重视，并被译为多种外文流行于世。

真谛在华译过哪些重要经典？

真谛是南北朝时期最重要的佛经翻译家之一。在中国佛教史上，他和鸠摩罗什、玄奘、义净一起并称为四大译家。

据《续高僧传》等记载，真谛出生于西天竺优禅尼国的一个婆罗门家庭，原名拘那罗陀。他少年出家，精于大乘佛教学说。后来，真谛泛海南游，到达扶南国。梁武帝中大同元年(546)，他应梁武帝派往扶南的使者之邀来华，到达广州，当时他已年将五十。后两年，他北上到达建康，但恰逢梁末"侯景之乱"，于是不得不颠沛流离于江、浙、赣、闽等地。在这段生活极不安定的时期，他到处流离，但在流离过程中他随处翻译，未曾中止。

天嘉三年(562)，时年64岁的真谛，决定乘船西行归国。但中途由于风向转变，又飘转广州，为广州刺史所留。于是他又在广州译讲《大乘唯识论》、《俱舍论》等。公元569年，真谛因病去世，时年71岁。

真谛的译经，大部分是在流离迁徙途中随处而出。他在华23年间，共译出经论64部278卷（《开元释教录》作49部140余卷）。这在他同时代僧人中是很突出的。真谛传译的主要是大乘佛教"瑜伽行派"的论著。其中重要的，对中国佛教思想发展影响大的有《阿毗达磨俱舍释论》（《俱舍论》）和《摄大乘论》）。真谛译《摄论》时，年已近70，在翻译过程中，他一章一句，仔细勘定，反复讲解。在他临终前，还唯恐自己所传《摄大乘论》、《俱舍论》以后无人继承弘传，为此他召集弟子道尼、智敫等十二人，勉励他们誓弘二论，勿令断绝。可见他对此二论之重视。

《俱舍论》22卷，由印度佛教著名的论师世亲著。这部论著主要是反映小乘佛教"说一切有部"的学说主张，同时也吸收了"经量部"的一些观点。它以"五位七十五法"总括世界一切物质和精神现象，对"四谛"、"十二因缘"等佛教基本概念详加解说。中心命题为"三世实有"、"法体恒有"。由于本书结构严密，对佛教基本概念解说清楚，

所以往往被作为一部佛教辞书。书中一些基本思想后来被大乘佛教"瑜伽行派"所吸收，因此这部论著还常被作为研究法相唯识宗的入门书。

《摄大乘论》包括"本论"三卷和"释论"十二卷，是印度大乘佛教"瑜伽行派"的重要著作之一。由"瑜伽行派"的创始人无著作论，世亲作释。此书集中阐述了"瑜伽行派"的学说，特别对成立"唯识"的理由、"三性说"以及"阿赖耶识"等问题作了详细的论述。论中从十个方面系统论证"阿赖耶识"的存在，并以此为一切法的根本，从而形成"阿赖耶识缘起说"。真谛译本的特点还在于在"阿赖耶识"之上又建立了一个真实纯净的"阿末那识"（又称"无垢识"、"净识"）。由此清净无

❈ 西安大雁塔玄奘译经图

　　大雁塔坐落在长安大慈恩寺院内，玄奘曾为该寺住持，并在此翻译佛经。

垢的"阿末那识"发展而成的"真如缘起说"，对中国佛教华严宗以及其他派别形成有重大影响。

"唐僧取经"是怎么回事?

明代文人吴承恩在小说《西游记》中形象、生动地描写了唐僧师徒四人跋山涉水、降妖捉怪,最后取回真经的故事。在历史上,《西游记》中名叫玄奘的唐僧确有其人,而且他确实完成了西行取经的壮举。历史上的玄奘是位勇敢无畏的高僧,是位伟大的旅行家、佛经翻译家。

唐僧法名玄奘,俗姓陈,15岁出家。唐太宗贞观三年(629),长安闹饥荒,朝廷允许百姓外出自行谋生,玄奘便乘机混入饥民队伍离开长安,开始他的西行求法之路。

玄奘西行过程中,经姑臧(今甘肃武威),过敦煌,越葱岭,翻雪山,历尽艰险,最后终于来到印度。他到了印度摩揭陀国王舍城,入当时印度佛教最高学府那烂陀寺,从著名佛教学者戒贤等学习《瑜伽师地论》、《顺正理论》、《显扬圣教论》等论著。而那烂陀寺僧人对玄奘的品德和学识也十分钦佩,将他名列那烂陀寺精通三藏的十位高僧之一。玄奘在这优越的学习环境中奋发研究,探索学问,前后五年,取得了优异的成就。

五年后,玄奘开始外出巡游。足迹所到之处,几乎遍及印度各地。

❀ **唐僧取经雕塑**

玄奘回长安图

唐贞观十九年（645）正月二十五日，玄奘取经后返抵长安时，"道俗奔迎，倾都罢市"，欢迎玄奘。此图生动描绘了玄奘归来时受到盛情迎接的场景。

经过四年游学，学问基本成就。他仍旧回到那烂陀寺，应戒贤之请，为寺众讲解《摄大乘论》、《唯识抉择论》等大乘佛教经典，由于他浓厚的学问功夫和精到的见解，所以他的讲经受到寺众的欢迎。于是他的声誉日起，在那烂陀寺的地位仅次于戒贤。

唐贞观十九年（645），玄奘携带在印度搜集到的大小乘佛经520箧、657部，以及大量其他书籍、佛像等回到了祖国。玄奘回国后专心从事佛经的翻译和佛学的研究弘传事业。他先后在长安弘福寺、大慈恩寺组织译经院，主持译场工作，先后译出大小乘经、律、论73部，1330余卷。他所主持的译场，聚集了各地名僧20余人，分别担任检查译义、润饰文句、推敲词义、记录抄写等专门职司。由于玄奘本人佛学造诣精深，又精通梵文，译场的分工细密、职责明确、组织完备，所以他所译的佛经概念准确，文义通顺连贯，释义精确，而且还校正了旧译中一些谬误之处，译经质量极高，在中国翻译史上开了一个新纪元。此外他还将《老子》、《大乘起信论》译为梵文传到印度，为中印文化交流史翻开了新的一页。

玄奘还将其旅途见闻写了一部十二卷的《大唐西域记》。书中记叙了他在西行途中亲身经历的一百一十个和传闻得知的二十八个国家和地区的风土人情、山川地理、物产气候、文化政治等，是研究古代这一地区的历史、文化、地理、宗教和中西交通的珍贵资料。《大唐西域记》的内容丰富，资料准确可靠，历来为考古学和历史学界所重视。现在这部书已被译成多种文字流传于世。

玄奘所译的佛经在中国佛教史上有重大价值。他依据印度佛教"瑜伽行派"思想学说创立的法相唯识宗，在唐代盛行一时，并对近代中国佛教发展也产生过影响。他的顽强奋斗的精神也一直为人们所钦佩。

义净是怎样一个人？

在中国佛教史上，有"四大译家"的说法。这四人分别是姚秦时的鸠摩罗什、南朝梁陈间由印度渡海而来的真谛、西行求法的唐代高僧玄奘，还有一个就是从海路去印度取经，回国后从事译经工作的另一位唐代高僧义净。

义净是山东济南人，14岁出家。他生活的时代，正是唐代国力兴旺之时，西域和汉地交往频繁。玄奘西行这一传奇式的事件极大地刺激了佛教界的西行求法运动，一时因慕此壮举而西去者甚多。在这股潮流影响下，义净本人也仰慕法显、玄奘的西行之事，立志要去印度留学求法。

当时西行的路线，有从陆地经西域入印度者，如玄奘。也有从广州由海路转道至印度的，义净所取就是海道。唐高宗咸亨二年（671），义净从广州搭乘波斯商船泛海南行，先到室利佛逝（在今马来诸岛中苏门答腊岛之东部），在此停居6个月，学习印度语文、音韵学。后于公元673年来到东印度，在耽摩利底国（古代东印度一小国，位于恒河河口）停留1年，学习梵语。其后往来印度各地参观巡礼，学习参访。他在那烂陀寺留学历时达11年之久。那烂陀寺是印度佛教的最高学府，寺内佛学人才济济。玄奘就是在那里成就了他的学问。义净来那烂陀寺，曾从宝狮子等著名僧人学习佛教义理，他还特别注意考察当时印度的宗教生活方式和医术。最后他在印度求得梵本佛经近400部，50余万颂，离开印度，取道回国。

在归国途中，义净重新经过室利佛逝，在此停留两年多，从事佛经翻译。公元691年，他托人送回他所翻译的佛教经论以及所撰《南海寄归内法传》。公元695年他才回到洛阳。他西游前后历时20多

❀ 陕西铜川玉华宫肃成院遗址，这里是玄奘最后四年译经和最终圆寂之地。

※ 高昌古城，古代丝绸之路的重要门户，玄奘西行求法时经过此地，受到高昌王的礼遇并在此传扬佛法。

年，游历了30余国。回来时武则天亲自出迎，并将他安置在佛授记寺。义净回来后曾参加于阗僧人实叉难陀的译场，参与80卷《华严经》的翻译。

公元700年以后，义净先后在洛阳、长安两地组织译场，主持佛经翻译之事。从公元700年至711年之间，他译出《金光明经》、《大孔雀王咒》、《根本说一切有部毗奈耶》、《成唯识宝生论》等经、律、论61部，239卷。义净所译佛经内容，大致可分三方面：第一部分，也是他翻译的重点，就是律藏。如《根本说一切有部毗奈耶戒经》、《尼戒经》、《百一羯磨》、《律摄》等。

第二部分是与"瑜伽行派"有关的论著，因他留学的那烂陀寺学问偏重瑜伽一系，所以他在译出律本以外，还译出了瑜伽系的书好几种。其中如无著和世亲的《金刚般若论》的颂和释，陈那的《集量论》、护法的《成唯识宝生论》等都是玄奘未曾译的。第三部分是密教陀罗尼。义净赴印的公元7世纪末，正是印度佛教中的密教兴起之时，一些密教经典、教义也开始在汉地流传。义净归国后译出的如《金光明经》、《孔雀王咒》、《称赞如来功德神咒》等都是密教的经典。义净工作严肃认真，在译音、译义及考核文物制度方面尤其一丝不苟，常在译文下面加注以作分析，因此他的译经有独到之处。

除了译经外，义净还有许多撰述，其中最负盛名的是他在归途中写成的《南海寄归内法传》和《大唐西域求法高僧传》。前者详细介绍了印度以及南亚诸国所行的佛教仪规，以及印度古代哲学派别，佛教发展历史等，后者则记录了自唐初以来60位僧人西行求法的事迹，为研究唐初佛教史提供了重要的资料。

天台宗是怎样创立的？

位于中国东南沿海、浙江省天台县境内的天台山，是中国佛教天台宗的发源地。天台宗在中国佛教史上占有重要地位，而天台宗的创立则与陈、隋之间的僧人智顗对天台宗的创立具有非常重要的贡献。

魏晋以来，佛教经典开始被大量传译。特别是鸠摩罗什和真谛的翻译，无论在数量上和质量上都比以前有很大提高。他们分别把印度大乘佛教"中观派"和"瑜伽行派"的论著翻译介绍进来，对中国佛教发展产生了很大影响。与此同时，中国佛教僧人对佛教义理的研究也取得了很大突破，对佛学的理解日益深入。在此基础上，有些僧人开始比较有重点地开展对某些经论的研究，从而形成了一些佛学学派，如"地论学派"、"摄论学派"、"三论学派"、"毗昙学派"等，都是在南北朝时期涌现出来的。在这种百家争鸣的学术空气熏陶下，一些佛教学者开始以新的观点系统地组织和发挥佛教某些经论的思想学说，从而创立了具有自己特色的中国佛教宗派。天台宗就是在这种背景下，由陈、隋之际著名的僧人智顗创立的。

智顗（538～597），又称"智者大师"，是荆州华容（今湖南华容县）人。俗家姓陈，父亲是梁朝的官吏。因梁末兵乱，家庭失散，所以18岁时，即在湖南长沙果愿寺出家为僧。23岁时，他来到光州（今河南光县）左苏山，投在当时北方著名禅师慧思门下。

智顗在慧思门下七年时间（560～567）。在此期间，他勤奋努力地学习和修习，得到了慧思的赞赏。公元567年，慧思离光州去南岳，临行时嘱智顗往金陵（今江苏南京）传教。于是智顗带二十多人东下，

❈ 天台山华顶寺僧人

☸ 天台山是中国佛教天台宗的发源地,图为浙江天台山国清寺。

来到当时陈朝首都,在瓦官寺开讲《法华经》,受到陈朝君臣的礼敬。公元575年,他又和弟子二十余人离开金陵,居浙江天台山,在山中建立居舍,研究教义,实践修行。在此时期,智颛的佛学思想开始成熟。他以《法华经》为宗要,以《大智度论》为指针,参照其他经论,组织学说,开创宗义。他还在天台山开讲《大智度论》,演说禅法。智颛从五个方面来解释《法华经》题义,吸收和发挥慧文、慧思的"一心三观"、"诸法实相"等说法,又以释迦说法时按不同时间、不同对象说不同内容的经义,将佛陀一代说法分为"五时八教",来判释所有经教,从而奠定了天台宗的教观基础。

智颛与晋王杨广关系极好。杨广任扬州总管时曾请智颛前往扬州传戒,智颛即为杨广授菩萨戒,杨广则授智颛以"智者"称号。公元595年,智颛重归天台,此后他一直在天台讲经说法,直到公元597年去世。

智颛一生著作,大部分由弟子灌顶在听讲过程中记录整理成书。其中主要的《法华经玄义》、《法华经文句》、《摩诃止观》被称为"天台三大部",是天台宗立宗开教的思想基础。

「山家」派、「山外」派各指什么?

「山家」和「山外」派,是宋代中国佛教天台宗由于内部争论而分裂形成的两个派别。

自智顗创立天台宗以来,隋唐时期一直很流行。但唐末会昌法难(845),唐武宗灭佛,接着唐末五代的战乱,天台宗的典籍散失殆尽,天台教观的真实内容了解的人很少了。五代时吴越王钱俶曾应天台宗义寂之请,派人往海外求取天台教典,当时有高丽沙门谛观来华,带来了一些论疏著作,因而使天台宗在宋代得到复兴。

复兴后的天台宗,由于在某些问题上的看法不同而形成了两大派,一派以义寂的再传弟子知礼为首,称为"山家"。此派还有知礼的弟子梵臻、尚贤、本如等人。另一派则有义寂同门志因的弟子晤恩、晤恩弟子源清、源清弟子

❋ 猕猴献果图

庆昭、智圆等人。由于此派立说主张受他宗影响，所以被山家派斥为不纯，而贬为"山外"。

山家和山外的争论，以智𫖮所作《金光明经玄义》广本的真伪为起点，并涉及观心的真妄、色法具三千与否等问题。

智𫖮作《金光明经玄义》，有广、略二本并行于世。知礼之师义通曾讲广本，并著有《金光明玄义赞释》及《金光明文句备急钞》等，但同时天台系的晤恩，则以广本是伪作，他作《金光明玄义发挥记》专门解释略本，其弟子源清等人亦著文支持师说。义通弟子和知礼则以广本为真，作《释难扶宗记》以张扬其说。于是两派引起争论。

关于观心的真妄问题，亦是从《金光明玄义》广本真伪问题引发的。晤恩以广本为伪，主张观心法门是真心观，认为《玄义》在教义释中已经说得很清楚，不必再作观心释，认为观心释是后人所加。因此他们一派主张真心观，连带主张真心无性恶，真如随缘而起等说法。山家一派则与此相反，力主"妄心观"。并认为"真如随缘"是别教之说，别教所说的真如是超然于差别事相之外的，而圆教（天台宗）则认为真如之中本来具有差别的事相，因此事理相印相融，故主张"理具随缘"之说。两派意见相左，数度往复辩难，历时7年之久。后来知礼将历次往复问难集为《十义书》，又作《观心二百问》，基本总结了这场论争。

山家、山外之争，是宋代佛教史上的一件大事。在这场论辩中，山外派立说有他宗之影响，故被斥为不纯，其势力不久即衰。山家一派则被作为代表天台教义的正统而盛行于南宋。

❀ 天台山景色幽美，是中国佛教天台宗的发源地。

"三论宗"主要研习哪三论?

"三论宗"是隋代形成的中国佛教宗派之一,由会稽(今浙江绍兴)嘉祥寺的吉藏(549-623)大师集大成。三论宗学说以《中论》、《百论》、《十二门论》为主要依据。

❀ 地藏菩萨像,五代绘画,现藏于英国大英博物馆。

这三部论都是在姚秦弘始年间(399~415)由西域僧人鸠摩罗什译出。其中《中论》和《十二门论》由印度大乘佛教中观派创始人龙树所著,《百论》则由龙树的弟子提婆所著。《中论》主要宣扬佛教"缘起性空"理论(认为任何事物都是由各种因缘和合而成,以本性为空)和"八不中道"(不生不灭、不常不断、不一不异、不来不出)的中观学说。《百论》主要是驳斥其他派别的观点,论证世界万有"毕竟空"的道理。《十二门论》是以十二个门类来解释一切事物诸法皆空的义理。

自鸠摩罗什译出"三论"后,南北朝时形成了一个研习"三论"的高潮。南朝梁武帝时,一位叫做僧朗的僧人,居摄山栖霞寺,大弘"三论"教义,被人称为"摄山大师"。当时梁武帝曾派10名僧人入山,向他学习"三论"义理。其中僧诠学习最有成就,僧诠后来居于摄山止观寺,专门弘传"三论",被称为"三论新说"。僧诠门下著名的有兴皇法朗,法朗的门人弟子遍及全国,隋代创建"三论宗"的吉藏大师就是他的弟子。

吉藏七岁时就从法朗出家。他学习摄山诸师所传三论义理,著有《三论玄义》、《大乘玄论》等著作,充分发挥"三论"学思想,成了"三论"学的集大成者。

一度盛行的三阶教是谁创立的？

三阶教又称三阶宗、三阶佛法，是隋代信行创立的一个佛教僧团组织。三阶教兴起于公元6世纪末，历经隋唐两代，前后发展三百余年，到唐末被人认为是异端邪说而遭到贬斥，日趋衰微，最后终于湮灭不传。

三阶教的创始人名叫信行(541～594)，魏郡（今河南安阳）人。隋开皇三年(583)开始，他在相州（今河南安阳）一带提倡三阶教法，得到许多道俗徒众信奉。隋开皇九年(589)，信行带弟子僧邕等从相州来到京师长安，沿途宣扬三阶教法。当时左丞相高颎在长安真寂寺内另建别院让他居住，三阶教随之在京师传播流行。不久，他即在京师修建了化度、光明、慈门、慧日、弘善五所寺院。三阶教思想盛行一时。

隋开皇十四年(594)，信行病逝。此后的100多年间，三阶教曾遭到4次严厉打击。特别是唐武则天圣历二年(699)和玄宗开元十三年(725)先后下令限制三阶教徒的活动，将三阶教的所有经籍全部除毁。但在唐代宗、德宗时代(762～804)三阶教又有复兴。特别是贞元十六年(800)，化度寺僧人善才上书请求准许三阶教典籍入大藏，得到批准，于是信行的《三阶集录》等著作又被编入《贞元新定释教目录》。三阶教的典籍以信行所著《三阶佛法》四卷为主，这是信行从各经论中抄录出来的，因此书题不一，分科繁杂，文句晦涩，解义纷乱，缺乏系统性和条理性，

地藏十王图，五代绘画，现藏于英国大英博物馆。

故而受到其他派别的指责。三阶教因数度被毁，信行大部分著作均散失。

◎ 佛教小百科 ◎

华严宗由谁创立，其基本思想是什么？

华严宗由唐代僧人法藏创立，以《华严经》为主要经典，称华严宗。法藏曾被赐号"贤首大师"，佛教史书上又称这一宗为"贤首宗"。又因华严宗以发挥"法界缘起"思想为宗旨，所以又被称做"法界宗"。

讲经说法，著述立说等研究和传教活动，特别是对《华严经》的翻译、研究和宣传，作了很大努力。

法藏曾先后讲《华严经》30余遍。又著述百余卷，大力组织发挥《华严经》思想，从而使华严宗规模具备，法藏本人也成了华严宗的实际创立者。华严宗的主要思想理论是"法界缘起"说。此宗认为宇宙万物，都是由物质和精神两个方面构成，这两个方面互相依持，相即相入，圆融无碍，为说明这一道理，又用四法界、六相、十玄门等概念来加以说明。

所谓四法界是指"事法界"、"理法界"、"理事无碍法界"、"事事无碍法界"，这是华严宗用来说明人们对世界的认识从世俗到"佛智"的不同层次。"事法界"指宇宙万有，即客观的物质世界。华严宗认为这是不真实的存在，是假有。但其本身又是真如佛性的体现，故又可称为"妙有"。这是华严宗与其他宗派看法不同的地方。"理法界"即指真如体性，是本体世界，这是真实的，永恒的。"理事无碍"即指本体和现象之间的关系。真如之理，体现在一切事相之中，一切事相又反映了真如理体。理是本，是体；事是末，是用。理遍于事，事摄于理，

❋ 重庆大足石刻宝顶山松林坡华严三圣像（南宋）

法藏（643～712）本姓康，28岁出家为僧，受沙弥戒，并开始广为讲经。后来朝廷命令当时京城十大德（京内十大著名高僧）为他授"具足戒"（出家比丘所应尊奉的戒律）。自此以后，法藏广泛参与佛教经典的翻译、

因此理事无碍。"事事无碍"则反映了一切事物之间的相互关系，即同一和差异的关系。万事万物都摄于同一个理，从这一角度说，举一物即包容一切事物，举一尘即是整个世界，整个世界也即被包容在一尘之中。这就是华严宗说的"华藏世界海重重无尽"。

六相是华严宗用以说明法界缘起的三对范畴。它们是总和别、同和异、成和坏。华严宗以此说明一切现象虽各有自性，但可融合无间，没有差别。即总相中有别相，别相中有总相。同异成坏也是如此。任何一个事物都包含了这六相。

十玄门则是具体发挥了《华严经》中教与义、理与事、境与智、因与果、体与用、逆与顺、行与位、主与伴等十对与"佛智"有关的关系，华严宗以此十门论证佛法是一个整体。就广义而言，用佛教的观点，看到事物间无不是相即相入、圆融自在的关系。这十门是：同时具足相应门，一多相融不同门，诸法相即自在门，因陀罗境界门，微细相容安立门，秘密隐显俱成门，十世隔法异成门，唯心回转善成门，诸藏纯杂具德门，托事显法生解门。华严宗的形成和发展，对中国思想史的发展产生过重大影响。

❀ 西安华严寺国师塔

华严寺位于陕西西安市南，为中国佛教华严宗的发源之地。华严寺国师塔方形七层，塔上刻有"大唐清凉国师妙觉之塔"字样。

法相宗的基本思想是什么？

法相宗又名「唯识宗」，是在唐朝年间创立的中国佛教宗派。由于这一宗的创始人玄奘及窥基长住长安大慈恩寺，所以有时又被称为「慈恩宗」。

(668～723)等人。

法相宗的基本思想，可以用"三界唯心，万法唯识"作为概括。他们按照瑜伽行派的学说，把"识"按其作用和变现分为三类八识。第一类为眼识、耳识、鼻识、舌识、

❀ 西安大雁塔
唐代高僧玄奘自印度归来带回大量梵文经典和佛像舍利，为了供奉和贮藏，玄奘上表请求建造此塔，是唐代楼阁式砖塔的代表。

玄奘系统地翻译了大乘佛教"瑜伽行派"的经论，从而为法相宗的形成奠定了理论基础。在翻译过程中，他随译随讲，培养了一大批弟子，通常以神昉、嘉尚、普光、窥基四人最为著名。

窥基（632～682）曾参加玄奘《成唯识论》的翻译工作，此论是《三十唯识颂》的集注，当时印度注释《三十唯识颂》的有十家，玄奘原打算将这十家注释全部译出，后来采取了窥基的建议，杂糅十家于一书，即成《成唯识论》。窥基为此论翻译时的笔受，窥基后来作《成唯识论》的《述记》和《枢要》，发挥论中精义。

窥基以后，传扬法相宗的还有慧诏（650～714）及其弟子智周

身识、意识六种，其中前五种是众生与客观世界接触时产生的感觉作用，第六种意识参与前五识活动，在感觉时起辨别认识作用。它们以各自相应的思维、感觉器官（眼、耳、鼻、舌、身、心）为依据，其产生作用的对象则是相应的色、声、香、味、触、法等外界现象。第二类为第七末那识，这是意识之根，是前六识和第八识之间的中介，它的职能是起思维、衡量作用。第三类即第八阿赖耶识，又名"藏识"。是诸法的种子所藏之处，因此它是世界万物之根源，又是前七识的共同依据，第七识又以第八识为自己存在的前提和认识对象。这样，法相宗所说的认识活动，只是前七识对第八识的认识，这是一个封闭的体系，因而得出"万法唯识"的结论。

为阐述"万法唯识"思想，法相宗又提出了"三性说"。三性的关系是以"依他起性"为中心展开的。依他起性是以心识为因缘而派生的，若对此派生的现象界执为实有，便成"遍计执"的错误认识；若排除把客观现象看做实有的观念，认识圆满成就的真如佛性，就成"圆成实性"。这样，一切都由心识产生，若无心识，即无客观外境，这就构成了法相宗所说的《唯

❀ **西安荐福寺小雁塔**

与大雁塔相距3千米，因低于大雁塔，故称"小雁塔"，是一座典型的密檐式佛塔。

识无境》理论。

法相学派又把宇宙万有的物质和精神现象概括为"五位百法"。"五位"即心法（精神现象）、心所法（心的随属现象）、色法（物质现象）、心不相应行法（非物质非精神现象）、无为法（不生不灭的现象）。五位中又各自详细分为若干种，合而为百，故称为"五位百法"。

法相宗的思想体系比较复杂烦琐，基本上照搬了印度佛教瑜伽行派的学说，它在唐代曾盛行一时，但不久就趋于衰弱。其社会影响远不及中国佛教其他一些宗派。

"开元三大士"是指谁?

所谓"开元三大士",是指唐开元年间(713~741)在长安从事译经、传教活动的印度僧人善无畏、金刚智和不空三人。公元8世纪正是印度佛教密教兴起之时,因此他们来华传译的主要是密教经典。他们三人也成为中国佛教密宗的创始人。

善无畏(637~735)是中印度摩揭陀国人。唐开元四年(716)来长安,开元五年(717)奉诏在菩提寺译经。后来又随驾入东都洛阳,住大福先寺。他在长安、洛阳两地译出密教经典多部,其中最重要的是《大日经》(《大毗卢遮那成佛神变加持经》)。这部经主要讲密教的基本教义和各种仪轨、行法等,为中国佛教密宗的形成奠定了基础,善无畏本人亦受唐代皇帝的崇信,曾被唐玄宗礼为国师,又主持内道场,还被尊为灌顶大阿阇梨。

开元八年(720),印度僧人金刚智(669~741)由海路到广州,又北上来到洛阳、长安,亦被唐帝尊为国师。金刚智往返于洛阳、长安两地,弘扬密教教义,按密教仪轨建立传法道场,翻译密教经典。

金刚智的弟子不空(705~774),原为狮子国(今斯里兰卡)人。他与金刚智一起来到汉地,从事译经和传教活动,公元746年奉诏入宫,建曼荼罗道场,为唐玄宗施行灌顶仪式。不空晚年曾命弟子在五台山建金阁寺,作为密宗专修场所。他先后译出密教各种经典多部,其中主要的有《金刚顶经》。

❀ 重庆大足县北山佛湾第119号不空羂索观音龛

为什么说律宗是"由小入大"？

佛教传入之初，大小乘佛教同时传入中国。由于大乘佛教的教义与修行方式更加适合于中国的社会环境和人们的心理，于是慢慢成了中国佛教的主流。原来属于小乘的一些学说，也被逐步改造以适应大乘佛教的流行，例如律宗就是如此。

律宗是唐代形成的中国佛教宗派之一，是一个以研习和传承戒律为主的宗派。印度佛教各部派的戒律，传到中国的主要有《十诵律》、《四分律》、《摩诃僧祇律》和《五分律》。律宗以《四分律》为主要依据，所以又称"四分律宗"。

唐代律宗主要分为南山、相部、东塔三大派，它们之间互有争论，相部与东塔的争论尤为激烈。后来，相部、东塔二系逐渐衰微，只有南山一派传承不绝，成为律宗的正传。

南山律宗由道宣（596～667）律师创立。道宣是唐代著名的佛教学者，所著《广弘明集》、《唐高僧传》、《集古今佛道论衡》以及《大唐内典录》等，都是佛教史的名著。他曾长年隐居于终南山，故后人称他一派为"南山律宗"。道宣有关律学的著作，有《四分律比丘含注戒本注》、《四分律删补随机羯磨疏》、《四分律删繁补缺行事钞》等，这三部著作被称为律宗三大部，是律宗教义的主要基础。律宗的主要学说是戒体论。唐代律宗三部发生的争论主要也是这个问题。佛教把诸戒分为戒法、戒体、戒行、戒相四个部分。戒法即佛所制定的各种戒律；戒体是受戒时领受者本身产生的一种防非止恶的功能；戒行是依戒而作之行动；戒相是表现于外的轨范相状。唐代律宗三部主要争论的是戒体究竟是"色法"还是"心法"，即究竟是物质性的还是精神性的。道宣一派把戒体解释为心法，认为戒体是受戒者的自心法体，即受戒者在接受戒律时内心产生的一种心理上的防范。这种解释后来为其他各派接受，从而解决了戒体问题的争论。

《四分律》中记载，有一个叫沓婆的比丘，在修成了罗汉果（小乘佛教的最高果位）之后，产生了厌弃此身无常之心，期望修习利他之行，道宣认为这就是通向大乘的一个证明。由此而形成了律宗"由小入大"的说法。

净土宗是怎样形成的，主要特点是什么？

净土宗是专修往生西方阿弥陀佛净土的一个宗派。由于其简单易行，没有深奥的理论和烦琐的修行方法，所以自唐代以来，在中国广泛流行，成为中国佛教的一大主流。

净土宗不像其他佛教宗派那样有明确的师承关系。它由后代僧人推举前代一些宣扬净土往生的著名僧人为历代祖师，从而形成净土宗的传承关系。净土宗由于简单易行，一直受到社会各阶层，特别是民间下层群众的信奉，成为中国佛教的一个重要派别。

净土宗立祖之说最早起源于宋代，宋代僧人宗晓（1151～1214）作了一部宣扬净土宗的书籍，叫《乐邦文类》，书中首推东晋庐山慧远为宣扬净土的始祖，又以善导、法照、少康、省常、宗赜等五人为历代继承者，由此形成净土宗的历代传承世系。后来宋代僧人志磐作《佛祖统纪》，将宗晓推定的世系改为慧远、善导、承远、法照、少康、延寿、省常等为七祖。明清之际，一直到近代，又经过多次推加更改，形成了所谓净土十三祖之说。

东晋慧远被推为净土初祖，这是因为他曾与同道多人在庐山阿弥陀佛像前发誓，愿往西方净土的缘故，其实他的修行实践与后世以口诵佛名为主的称名念佛有很大的差别。后世流行的净土宗，是以称名念佛为主要修行方法的佛教宗派。对这样一种净土宗的形成作出重大贡献的是北朝的昙鸾，和隋唐之际的道绰、善导等。

昙鸾（476～542）是北魏人，他先后在并州大岩寺、汾州石壁玄中寺大力弘扬净土法门。所作《往生论注》中提出难行、易行二道之说，为净土宗的思想基础之一。

道绰（562～645）是隋唐之际人，他每日劝人诵念阿弥陀佛名号，身体力行，前后讲《观无量寿经》近200遍，于是称名念佛的净土修行方法很快在各地传播。

善导（613～681）是山东人，他曾将布施所得用以抄写《阿弥陀经》数万卷，又画《净土变相》三百余壁，极大地扩展了净土思想在民众中的影响。 由于道绰和善

导的大力宣扬和努力活动，净土宗才逐步发展成为中国佛教中最为流行的派别之一。

按照佛教的说法，佛的国土是相好庄严、洁净美好，没有任何污染，因此称为"净土"。而世人所居之处，则充满污浊，故而称做"秽土"。生于"秽土"的人，如果通过一定的修行，有希望在未来之世降生于佛的国土，享受"净土"的一切美好幸福，有机会聆听佛的教诲，从而获得更大的修行成果，这就是净土信仰。

佛教传入中国早期，流行着多种净土信仰，包括信仰东方药师琉璃光佛的净土以及西方阿弥陀佛的极乐净土，还有未来佛弥勒的兜率天宫净土等。在北朝石刻造像碑铭中，我们也可发现大量表示对各种净土信仰的造像、铭文等，说明在隋唐之前，民间流行着多种净土信仰。到了后来，西方净土成为净土宗信仰的主要内容。

从修行方式来看，净土宗的重要特点是所谓依"他力"而行。按净土宗的说法，要想修成佛道，只有依靠阿弥陀佛的"愿力"。所谓阿弥陀佛的愿力，是指阿弥陀佛成佛以前，在法藏比丘时曾经发下四十八个大誓愿，其中一个就是，如有人念阿弥陀佛的名号，此人临终之时，阿弥陀佛将接迎他往生于西方净土。净土宗的教义及修行方法就是建立在这一誓愿的基础上。依靠佛的誓愿的力量，往生西方净土，这就是净土教徒所谓的"他力往生"。

由"他力往生"引出的结果，就是净土宗的修行方法特别简单易行。所需要的，只是口诵念佛，就能横超三世，往生极乐世界。因此这一宗派特别受到社会民众的欢迎。

山西玄中寺

中国佛教净土宗的名刹，高僧昙鸾曾在此弘扬净土法门。

"极乐世界"是怎么回事？

佛教认为，时间无始无终，空间无边无际，佛土（世界）无穷无尽，极乐世界即是这无穷无尽世界中的一个。在这无穷的时间和空间里，有无数佛，每一个佛都有属于自己教化范围的国土，称为"佛国"或"佛刹"。又因佛的国土清净无染，相对于世俗人所居的"秽土"而言，称为"净土"。小乘佛教中已有人信仰净土往生。但是作为一种系统的思想派别，"极乐世界"学说是在大乘佛教时期形成的。在各种宣扬净土思想的佛经中，关于阿弥陀佛净土的经典数量最多，而且特点也很突出，因此对西方阿弥陀佛的净土信仰越来越普遍，并逐步演变成为净土信仰的主流。

在大量宣扬阿弥陀佛净土的佛典中，以《无量寿经》、《阿弥陀经》和《观无量寿经》三部影响最大，这三部经被后来的净土宗奉为"净土三大部"。按照这些经的说法，在我们这个世界的西方，过十万亿佛土，有一世界，名叫"极乐"，这一世界的教主，称为阿弥陀佛。在极乐世界中，无量功德庄严，国中声闻、菩萨无数，讲堂、精舍、宫殿、楼观、宝树、宝池等均以七宝庄严，微妙严净，百味饮食随意

"极乐世界"也称净土、乐邦，指佛教徒所信仰的没有苦难的理想世界。净土的思想起源很早，在婆罗门教和小乘佛教的一些派别中就有它的渊源。阿弥陀佛净土与弥勒净土、药师净土同为中国佛教徒所信仰的三大净土。

清代铜鎏金药师佛像

而至，自然演出万种伎乐，皆是法音。其国人等智慧高明，颜貌端严。但受诸乐，无有痛苦，皆能趋向佛之正道。这些经还宣称，只要信奉西方净土，常常诵念阿弥陀佛名号，死后就能往生阿弥陀佛的极乐净土，享受无尽的欢乐。

《药师如来本愿功德经》等描绘了东方药师佛居住的琉璃世界。琉璃世界也是佛教徒所向往的理想国土。那里的地面由琉璃构成，连药师佛的身躯，也如同琉璃一样内外光洁，所以称琉璃世界。佛经上说此世界和西方极乐世界一样，具有说不尽的庄严美妙；那里没有男女性别上的差异，没有五欲的过患；琉璃为地，金绳界道；城垣、宫殿都是七宝所成。人们只要在生前持诵《药

❀ 唐卡阿弥陀佛极乐世界图

师经》，称念药师佛名号，并广修众善，死后即可往生琉璃世界。

净土思想尽管是一种虚幻的空想，但在一定程度上反映了人们的一些美好愿望，所以在民众中影响很大。

武则天为什么支持佛教？

武则天是中国历史上第一个，也是唯一的一个女皇帝。武氏需要寻求来自各方面的支持，而佛教对她的支持更是她所欢迎的，所以唐代武则天时期，朝廷特重佛法。

武则天支持佛教，表现在各个方面。

首先，她曾亲自参与组织了《华严经》的翻译。《华严经》在东晋时曾有佛陀跋陀罗的60卷译本，但这一本子并不完整。于是在武则天时曾派人去于阗求取梵文的全本，组织力量进行翻译。当时由著名译经僧实叉难陀主持译事，从公元695年起，至公元699年完成，这就是80卷本的《华严经》，相对于东晋的译本，亦称为"唐译"。中国佛教宗派之一的华严宗，就是依据《华严经》的教义思想，在唐武则天时创立的。

其次，她结交僧人，给一些著名僧人以很高的礼遇。如禅宗北宗的神秀，被她请到京师，"亲加跪礼，时时问道"。她还经常请华严宗的实际创始人法藏入宫讲经说法，并赐法藏为"贤首"国师的称号，等等。

最后，她还热衷于建寺造像之事。如著名的龙门奉先寺卢舍那佛的造像，就是在她支持下雕凿的。

武则天支持佛教不遗余力，作为回报，佛教的僧徒们也为其登基大造舆论。永昌元年(689)，有沙门十人伪撰《大云经》上献于朝廷。《大云经》中讲，有一位名叫"净光天女"的菩萨，佛预言她要以"女身"为统治天下的帝王，而且这一女王，将来还要做佛，等等。以此暗示武则天将成为女皇，是顺应了佛的旨意。武氏得到此经，欣喜万分，随即下令天下各州都要建立"大云寺"，又度僧千人以祝贺其事。在《大云经》颁布天下的第二年(690)，武则天改国号为周，改元"天授"。公元692年，又因佛教《大云经》为武氏夺取天下立下了汗马功劳，所以一反李唐时"道在佛先"的排列，定为佛在道之上。而伪撰《大云经》以及为经制疏的一些沙门，也因此都得到了丰厚的赏赐。

　　唐长寿二年(693)，有僧人菩提流志译出《宝雨经》十卷。经中讲到，有东方日月光天子，乘五色云来到佛的所在，佛为他授记，讲他日后当在"摩诃支那"国，现女身为王，以佛法教化众生，建立寺塔，供养沙门。据查《宝雨经》到唐代共有过三译，唐以前梁、陈时所译的本子都没有这段文字，因此很明显这是唐译本伪造，是专门为武氏登基制造舆论根据的。就在此经译出这一年，武则天即加尊号为"金轮神圣皇帝"。

❈ 番王礼佛图
　　此图描绘各民族酋长、番王朝拜佛祖的情形。

达摩"面壁九年"是怎么回事？

菩提达摩，在中国佛教史上是一个带有神奇色彩的人物。禅宗僧人称之为东土禅宗初祖，说他来到中国后，曾因与梁武帝话不投机，而后"一叶渡江"，来到北方，到达洛阳、嵩山一带。他曾在嵩山少林寺面壁九年，终日默然，世称"壁观婆罗门"。

据道宣《续高僧传》记，菩提达摩是南印度人，因其"游化为务，不测所终"，所以生卒年不详，据禅宗的《传法宝记》等一些资料说，达摩曾六次被人下毒，最后是受毒而亡。

据推测，达摩大约死于公元530年。《洛阳伽蓝记》记达摩"自云一百五十岁"，这是作者杨衒之据传闻而记，他本人也未见过达摩，故其确切性是有问题的。相传他由海路到达中国南方，在梁武帝时到达南京，据敦煌发现的《坛经》抄本讲，梁武帝曾召见他，说自己一生建造佛教寺院，布施佛教，供养僧众，为佛教做了这么多的事，有什么功德？达摩回答，虽然做了这许多事，但实际上并无功德。这一回答引起了梁武帝的不快，就不愿再多理他，并将他遣出梁地。

达摩来到北方后所提倡的禅定修行方法，与过去流行的调息止心的修禅方法不同，因此遭到了人们的冷遇，甚至遭到一些人的讥讽。《续高僧传》讲，当时"文学之士多不齿之"。

所谓"面壁九年"之说，和他所传的禅学有关。达摩所传之禅，以《楞伽经》为依据，他提出"理入"和"行入"的修行方法。所谓"理入"就是"壁观"。有人把"壁观"理解为"面壁静坐"，于是产生了"面壁九年"的说法。其实所谓"壁观"是个形象的比喻，是说通过这种禅定修行，使人心如墙壁，不偏不倚。这种修行方法实际上是要修行者除去主观思维和认识作用，对于客观事物不起分别和执著，即"令舍伪归真，凝住壁观，无自无他，凡圣等一，坚住不一，不随他教"。这样就能"与道冥符，寂然无为"，达到佛教所说的"涅槃境界"。

所谓"行入"有四种：一报怨行，即要求修行者甘心受苦，遇事不起爱憎之心；二随缘行，即不计较于客观外界环境和个人遭遇，一切随遇而安；三无所求行，放弃任何要

求和愿望；四称法行，一切行为要符合佛教教义和要求。

达摩的禅法，着重于修行者本身思想意识的转变，因而在具体修行方法上则比以前流行的禅法简单。他的这一套方法，经过几代传承，有了很大的发展和变化，到了唐代，终于形成了中国佛教宗派中一个重要的派别——禅宗。

至于达摩曾在少林寺"面壁九年"的说法，可能就是因为禅宗后来取得了优势地位，为了进一步扩大影响，理所当然地把当时颇具名声的少林寺列为祖庭。时代愈后，传说也愈离奇。还有说在少室山的五乳峰上有一达摩洞，达摩曾在那里面壁九年，连小鸟在肩上筑巢都没有察觉。

达摩去世后，弟子们将其遗体葬于熊耳山（今河南陕县）。三年后，北魏人宋云奉命出使西域，在回国途中遇达摩于葱岭，只见他手携只履翩翩独逝。宋云问他："何处去？"答道："去西天。"后来有人掘开他的坟墓，发现棺内只有一只鞋，可见他真的"西归"印度了。

❀ 达摩面壁图

"六祖"慧能是怎样一个人？

慧能在中国佛教史上是一个重要的人物，他被列为禅宗"六祖"，但实际上是禅宗南宗的创始人。以"不立文字，直指人心"为标志的佛教禅宗南宗，到了慧能时代，才开始真正形成并逐步兴旺发达。

慧能，又作惠能，生于唐太宗贞观十二年(638)，死于唐玄宗先天二年(713)。俗家姓卢，原籍河北范阳，他的父亲是唐代的一个小官吏，后因事被贬至岭南，因此全家南迁，到达广东新会。慧能幼年丧父，生活艰辛贫困，曾经以砍柴为生，母子相依为命。

据说一次慧能在卖柴时听人诵念《金刚经》而有所感悟。经过向人打听，得知当时五祖弘忍在湖北黄梅东山讲经授法，门下弟子有千余人，乃决定前往黄梅参礼五祖。相传慧能本人并不识字，但在当时佛教盛行的社会条件下，他有可能受到环境的熏陶，耳濡目染，从而对佛教产生了兴趣，并对佛教的教义思想有所理解。

慧能去黄梅参礼五祖，大约在唐高宗咸亨年间(670～674)，此时他已年过三十。开始时他只是在弘忍门下做一个行者，分在碓坊舂米劈柴，做一些体力杂活，这样经过了八个月。有一天，弘忍要选衣钵传人，要门下弟子每人作一偈，写下自己学习和修行的心得，借以观察弟子们学习和领会佛教义理的

❀ 汪圻·六祖传经·立轴

慧能俗姓卢，为达摩祖师入东土后之第六代祖师，世称六祖大师。

深浅。当时有弘忍大弟子神秀上座题偈于南廊壁间，偈曰：身是菩提树，心如明镜台。时时勤拂拭，勿使惹尘埃。

慧能听人诵念此偈，认为这并非是彻底领悟，于是请人复题一偈于壁，偈曰：菩提本无树，明镜亦非台，本来无一物，何处惹尘埃。慧能所作之偈，被弘忍看中，认为已经彻见本性，可以传承自己的衣钵，于是秘密召见慧能，授予衣钵，立为禅宗六祖，并嘱咐他"善自护念，广度有情，流布将来，无令断绝"。

当时佛教宗派内部，争夺正统地位的斗争十分激烈。慧能得法后，为防人谋害，连夜离开黄梅，秘密回到南方，长期隐居在民间，秘而不宣得法之事。过了十多年，才在广州法性寺由印宗法师雉发剃度，正式出家。自此以后，慧能才开始正式公开从事传教活动。慧能长期居住在曹溪宝林寺，后来名声越来越大。他门下形成禅宗南宗一派。由于慧能所说的教法标榜"不立文字"，见性即悟，即身成佛，用不到累世修行，又不用烦琐的哲学思辨，因此很受中国古代士大夫和文人学士们的欢迎。再加上他的弟子们在各地大力宣扬，使以慧能为代表的禅宗南宗逐渐成为禅宗的正统。慧能本人曾应刺史韦琚之请，在广州城内大梵寺演讲佛法，由其弟子法海等记录，成为后世流传的《坛经》。

❈ 广东曹溪南华禅寺山门

神会在禅宗发展史上有什么贡献？

禅宗五祖弘忍以后，禅宗南北宗之间争夺正统地位的斗争一度十分激烈。慧能的弟子神会（686～760）北上，争辩两派之间是非，使南宗顿悟法门得以流传北方，并逐步成为禅宗的正统。

慧能从五祖弘忍处得法后，为防别人争夺传法衣钵，曾隐居猎户处长达十多年。后来他在曹溪宝林寺传法，开禅宗南宗顿悟法门。慧能生前，禅宗南宗并未成为禅宗的正统，慧能的同学神秀上座作为禅宗北宗的领袖，深得唐朝廷上下的尊崇，在佛教界影响大大超过慧能。

神会（686～760），俗姓高，湖北襄阳人。大约在公元708年，跋涉千里，来到韶州追随慧能。慧能去世后，神会在曹溪住了十多年。

当时中原长安、洛阳之间，盛行禅宗北宗神秀的学说。神秀主张"渐修"说，与力主"顿悟"说的慧能南宗迥然异趣。为了宣扬南宗顿悟思想，争夺禅宗正统地位，神会在公元730年左右只身北上，先来到东都洛阳，大力弘扬五祖弘忍传法慧能之事，并力主从达摩至慧能的六代传法世系。接着与北宗代表人物进行多次辩论，极力攻击以神秀为代表的北宗"传承是傍，法门是渐"，并非禅宗的正统。神会以"顿悟"说针锋相对地反对北方流行的"渐悟"说，在当时影响极大，因而引起了一些人的疑惧，最后终于因他人诬告而被逐出京师。

唐玄宗天宝年间，发生"安史之乱"，两京沦陷，玄宗被迫避难逃到巴蜀。为平定叛乱，需要一大笔军费开支，当时国家财政困难，于是朝廷公开设戒坛度僧尼，收取度僧的"香火钱"以充军需。当时神会主持此项事务，因而为唐室的复兴立下了汗马功劳。安史之乱平定后，肃宗为他在洛阳建荷泽寺，并下诏入内供养，不久神会病死于荷泽寺。

唐德宗贞元十二年（796），朝廷正式以神会为禅宗七祖。于是以慧能为代表的禅宗南宗逐渐成为禅宗的正统。

禅宗"五家七宗"是指哪几家？

自神会以后，以慧能为代表的禅宗南宗，成为大家所公认的禅宗正统。慧能门下弟子甚多，后来有些弟子自立门派，并随着禅宗的发展，逐步演化为"五家七宗"。

慧能门下，最初大体可分荷泽神会、南岳怀让、青原行思三大系统。其中神会一系，有弟子法如（723～811）、无名（722～793）等人，称为荷泽宗。中唐以后华严宗的宗密曾一度阐扬这一系佛学思想，荷泽宗曾经盛极一时，但不久即衰亡。慧能门下，真正在后世得到发展的是南岳、青原这二系，所谓"五家七宗"，也都是由这两系繁衍出来的。

南岳一系自怀让传出。由南岳怀让（677～744）传弟子马祖道一（709～788），马祖道一传百丈怀海（720～814）。百丈怀海门下又分出两支，一为沩山灵祐（771～853）及仰山慧寂（807～883）形成的沩仰宗；另一支为再传弟子临济义玄（？～867）创立的临济宗。在宋代，临济宗又分出黄龙和杨岐两派。

青原一系由青原行思传出。行思（？～740）弟子有石头希迁（700～790）。然后经过几传，分成云门、曹洞、法眼三宗。云门宗由云门文偃（885～958）所创。曹洞宗由洞山良价（807～869）和曹山本寂（840～901）形成，法眼宗以清凉文益（885～958）为代表。

这样，由慧能为代表的禅宗南宗，到了唐末五代之际，就形成了沩仰、临济、云门、曹洞、法眼五家，加上宋代临济宗下分出的黄龙、杨岐两派，合称为"五家七宗"。

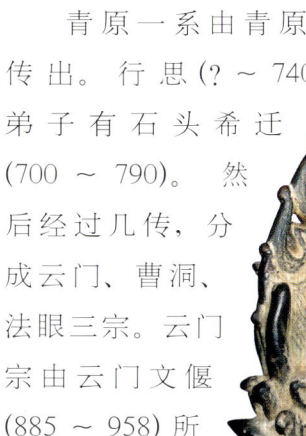

❁ 广东韶关曹溪南华禅寺藏经阁内千斤铜钟的兽形吊环

◎ 佛教小百科 ◎ 历史

明代的"四大高僧"是哪四位?

中国佛教史上历代高僧辈出,每个朝代都有对当时以及后世具有深远影响的僧人出现,这些僧人的活动推动了中国佛教的发展。明代曾先后出现四个著名的僧人,他们被称为"明代四大家"。这四大家是指莲池袾宏、紫柏真可、憨山德清、蕅益智旭四人,他们是明代最为著名的僧人。

真可(1543～1603)字达观,号紫柏,江苏吴江人。17岁出家于苏州虎丘云岩寺,20岁受具足戒后,广泛研习各种经教。真可的佛学思想调合各宗,融合儒佛。他自己没有专一的师承,而且也没有担任过任何寺院的住持,没有举行过讲经说法,他与明末另一高僧德清关系甚好,曾与德清共议续修明代传灯

❈ 北京香界寺山门殿哼哈二将之一

"四大高僧"主要活动于明神宗万历年间,由于他们的活动,使明末濒临衰亡的佛教又出现了一些振兴的迹象。

袾宏(1535～1615),明末僧人,字佛慧,号莲池,俗姓沈,浙江杭州人。32岁出家,于杭州昭庆寺受具足戒。出家后他四处游方,参学访道。他曾在浙江五云山结庵而居,题名"云栖",同门尊称他为"云栖大师",他的著作集也称为《云栖法汇》。他的佛学思想是以净土信仰为主,兼重禅、教。他主张佛教各宗并进,以戒为基础,最后归结为净土。袾宏在当时名声极大,名公巨卿、朝廷权贵倾心与他结交的极多,以至有人把他比作"法门周孔"。

录，又一起筹划建房山云居寺静琬塔院。后因政事牵连下狱，最后病死于狱中。他的著作有《紫柏尊者全集》三十卷和《紫柏尊者别集》四卷，附录一卷，收录了他所写的经释、序跋、书信等。

德清（1546～1623）字澄印，别号憨山，俗姓蔡，安徽全椒人。德清20岁时他出家于南京报恩寺。

🏵 北京香界寺山门殿哼哈二将之二

隆庆五年（1571），他到北方游学，先至北京，继往游五台山。万历十四年，明神宗印刷《大藏经》十五部，分送全国名山，皇太后特送一部与其居住的东海牢山，因无处安置，又施财修寺，称海印寺。万历二十三年（1595），明神宗因不满太后为佛事耗费巨资，借故将德清逮捕下狱，充军广东。此后他一直活动于广东、江浙一带，最后死于广东曹溪南华寺。曹溪原是中国禅宗祖庭，久已荒废，德清在此经营多年而恢复旧观，因此他被后人奉为曹溪中兴祖师。在佛学上德清主张禅净双修，调合佛教各宗各派，融合儒释道三教。

智旭（1599～1655）字藕益，俗姓钟，江苏吴县木渎人。他24岁出家，从德清的弟子雪岭剃度。出家后他专心研究佛理，对禅、净、天台、法相各宗义理均有涉猎。33岁起，他历游江、浙、闽、皖诸省，不断从事阅藏、讲述和著作。智旭依据天台思想解释净土教义，所著《净土十要》、《佛陀要解》等，都为后来净土宗人所崇奉。智旭生平的著述，分为"宗论"和"释论"。"宗论"即《灵峰宗论》，共十卷；"释论"则包括了智旭所著的各种释经论和宗经论，以及其他著述共60余种。

金陵刻经处创立于何时，由谁创立？

位于南京延龄巷的「金陵刻经处」，是中国近代佛教史上专门从事佛教经典刻印、编校和流通的一个机构。创办于1866年，最初设在南京北极阁，后搬至延龄巷现在的地方。

老之书，还曾涉猎音韵、历数、天文、地理等各种学科。1864年，他因病在家，接触了一些有关佛教的书籍，特别是对《大乘起信论》更是反复诵读，于是对研究佛经产生兴趣。他认为当时印刷佛经的经版大部分都毁坏了，这对佛教的发展和佛学研究是一个损失，因此要想弘扬佛学，必须先恢复刻经事业，以利于佛教经典的流传。1866年，他与同道多人发起募集资金，创立金陵刻经处，开始从事佛经刻印、流通的事业。

从1878到1886年，杨文会先后两次出使英法等国，他在伦敦结识了日本留学僧、著名的佛教学者南条文雄。后来他得到南条的帮助，在日本陆续搜集到许多中国久已失传的佛教经典，以及中国古代高僧的一些佛学著作，他把这些经典著作加以整理，由金陵刻经处择要刻印，使亡佚多年的隋唐时期的珍贵著作又能重新流传于世。1897年，杨文会将南京自己的住宅用以收藏经版和流通佛经。后来，又将这些房屋捐给刻经处，作为刻经处的永久产业，这就是延龄巷金陵刻经处的现址。

❀ 山西大同华严寺藏经柜

创立金陵刻经处的是清末著名佛教居士杨文会先生。杨文会(1837～1911)字仁山，安徽石埭人。他博学多才，自幼学过儒家黄

杨文会在创立刻经处的初期，曾立下"三不刻"的原则，即疑伪的经不刻；内容浅俗的不刻；涉及占卜乩坛的不刻。可见他对于刻经

❀ 武汉归元寺藏经阁

事业是很认真严谨的。

　　1911年，杨文会去世，刻经处由其弟子欧阳竟无等人负责，20世纪50年代，上海佛教界一些著名人士曾出面组织"金陵刻经处护持委员会"，逐步恢复刻经事务。1957年开始，金陵刻经处直属中国佛教协会，其规模进一步扩大。十年动乱结束以后，金陵刻经处又开始了佛经刻印业务。

　　金陵刻经处在中国近代佛教发展史上有着重要地位，对中国佛教的发展起了很大的推动作用。它搜集刻印了许多自唐末五代以来久已散失的中国佛教各种重要典籍，使人们通过这些经典更好地理解了当时佛教的发展情况。它组织刻印了一大批佛典，促进了它们的流通，同时也促进了佛学研究的发展。由于杨文会对刻经事业认真严谨，所以金陵刻经处所刻的佛经校勘精审，印刷华美，具有一定的学术价值。另外，金陵刻经处除了刻印佛经外，还开展佛经的讲习和研究工作，为近代中国佛教的发展培养了一批佛学人才。杨文会曾于1907年在刻经处设"祇洹精舍"，1914年欧阳竟无又在刻经处成立研究部，近代中国许多在佛学上有一定造诣的学者、居士，都曾在这里进行过学习研究。

支那内学院在中国近代佛教史上起了什么作用？

谈到中国近代佛教，必然要说到"支那内学院"。所谓"内学"，即指佛学，这是相对于佛教以外的各种"外学"而言。"支那"，是古代印度对中国的称呼。因此，支那内学院就是"中国佛学院"的意思。

支那内学院是中国较早的一个佛教教学和研究机构，创办人为中国近代著名的佛教学者欧阳竟无居士。欧阳竟无（1871～1943）名渐，江西宜黄人，是杨文会的得力助手。1911年杨文会去世后，他继承杨的遗志，主持金陵刻经处的工作，从事佛经刻印和传播事业。

为了进一步研究和发扬佛学，培养佛学人才，他与当时一些著名学者如章太炎、梁启超等人，于1922年在南京正式建立支那内学院，主要从事佛学的研究、教学以及佛典的编校印刷等工作。一些著名的佛教学者如王恩洋、汤用彤、吕澂等都在支那内学院担任授课教师。抗战期间，内学院内迁至四川江津。1943年，欧阳竟无病逝，由吕澂继任院长。吕澂是欧阳竟无的学生和助手，他多年主持内学院的教务工作，对内学院的发展有很大贡献。1952年，内学院停办，所有经版移交金陵刻经处。

❀ 1915年3月，欧阳竟无居士（后排中）与南京金陵刻经处成员合影。

太虚是怎样一个人？

太虚（1890~1947）是中国近代佛教史上一个著名的僧人，他以教理、教制、教产"三大革命"的口号而名动一时，成为近代佛教界革新运动的代表人物。

太虚对中国近代佛教的发展有着重大的影响。他曾创办武昌佛学院，汉藏教理院等佛学院，培养僧才。在他的弟子中，后来有许多都成了海内外著名的僧人。他曾到处从事讲经活动，并写了一系列论文阐述他的佛学思想。他关于法相唯识学的观点，因与当时著名的佛学家欧阳竟无不同，产生了争论，引起了当时佛学界的注意。他还创办了著名的佛学杂志《海潮音》，促进了当时佛教研究的开展。

太虚是浙江崇德（今浙江桐乡）人。俗姓吕，本名淦森，出家后法名唯心，别号悲华。他16岁时出家，同年，依宁波天童寺寄禅和尚受具足戒。他曾在南京金陵刻经处从杨文会学习佛学。1911年，他应友人邀约，在广州传教，曾经担任白云山双溪寺住持。

辛亥革命后，佛教界人士纷纷组织团体，提出主张，要求佛教适应新的时代。在这股浪潮中，太虚认为当时中国佛教教规松弛，僧徒无知，寺庙财产为少数人所占有等种种状况不适应20世纪的中国社会环境，于1913年举行的寄禅和尚逝世追悼会上，提出要革新教理、教制、教产的所谓佛教"三大革命"，希望通过这些措施，去更新僧侣，重募寺产，重新解释教义，以促进佛教的复兴。

同年，他担任刚成立的中华佛教总会会刊《佛教月报》的总编辑。在此期间，他发表了《宇宙真理》、《致私篇》等一些文章，宣传"佛教复兴运动"。1922年，他在武昌创办佛学院，1927年又在厦门任南普陀住持和闽南佛学院院长。1931年他在重庆北碚缙云寺创办"汉藏教理院"。太虚办这些佛教学院，旨在培养新的僧才。

1947年，太虚病逝于上海玉佛禅寺。他的弟子将其著述和演讲等编成《太虚大师全书》流传于世。

◎佛教小百科◎
历史

近代佛教史上有哪些著名僧人？

近代，佛教界出现了一些著名的僧人，他们大多致力于各种类型的佛教文化事业。由于他们的多方活动，使日渐沉寂的中国佛教界出现了一些生机，推动了近代中国佛教的发展。在这些佛教僧人中，比较著名的有敬安、谛闲、月霞、宗仰、弘一、印光、虚云、圆瑛，以及太虚等人。

这些僧人在佛学思想方面大多主张兼修，最多是偏重于某一经论的讲习。他们致力从事各种佛教文化事业，如创办刻经处、刊刻、编印和流通佛教经典；建立佛学院，努力培养新一代佛教僧人；发行各种佛学刊物，宣传佛教教义思想；举行各种讲经法会，以通俗的语言讲经说法；成立一些佛教慈善机构，极力普及和扩大佛教在民众中的影响。

释敬安（1851～1912）字寄禅，俗姓黄，湖南湘潭人。他曾在宁波阿育王寺燃左手的两个手指供佛，因而自号为"八指头陀"。1902年他任宁波天童寺住持。1912年，江浙各地名山大寺的代表聚集上海留云寺，商议召开中华佛教总会成立大会，寄禅被推为会长。次年，因各地士绅同寺庙僧侣之间为寺产问题发生了纠纷，他应众人请求，与各地僧界代表入京请愿，不久即卒于法源寺。敬安生平颇有诗名，并以诗结交海内名流，被称为"诗僧"，有《八指头陀诗文集》行世。

释谛闲（1858～1933），俗姓朱，名古虚，号卓之，天台宗僧人。他曾在浙江、上海、南京、北京、哈尔滨等地讲经传法，先后主持过南京僧师范学堂和宁波观宗学社。谛闲一生专研天台教义，曾被授记为天台教观第四十三世传人，因此成了近代中国佛教天台宗的代表人物。他写了很多阐述天台宗思想教义的著作，其中《教观纲宗讲义》、《圆觉经讲义》等在佛教界有一定的影响。他的著述由门人辑为《谛闲大师全集》。

释月霞（1857～1917），名显珠，俗姓胡，湖北黄冈人。他主持过南京僧师范学堂，又曾在上海哈同花园创办华严大学，宣扬华严宗义。1917年月霞在常熟兴福寺创办法界学苑，但不久即逝于杭州玉泉寺。月霞与谛闲是清末民初最早倡办僧教育的两个法师。近代佛教史上一些名僧如太虚、仁山、常惺、持松等都曾从他们学习。

宗仰（1865～1921）法名印楞，

🌸 **福建福州鼓山涌泉寺山门**

俗姓黄,江苏常熟人。他曾研习英、日、梵等文字,精于诗、书、画、金石等。清光绪二十七年(1901),他于上海与章太炎、蔡元培、邹容等组织中华教育会,并任会长。1908年回国,创办上海爱国女校。1909年,他应哈同夫人罗迦陵之请在爱俪园讲经,并主持《频伽精舍大藏经》的编印工作。

弘一大师(1880～1942)俗姓李,号叔同,法名演音。弘一是著名的艺术家,他对近代中国音乐、美术、戏剧的发展都有杰出贡献。1918年,李叔同在杭州虎跑出家,专研南山律学,创设"南山佛学院"。所著《四分律比丘戒相表记》、《四分律含注戒本讲义》以及《南山道祖略谱》、《在家律要》等著作,专门弘扬和解释南山律宗要义,1942年卒于福建泉州。

印光(1861～1941),法名圣量,别号常惭愧僧,俗姓赵,陕西郃阳(今合阳)人。印光一生宣扬净土信仰,被推为中国佛教净土宗的第十四代祖师。他曾在苏州灵岩建立净土道场,并在上海创办弘化社,写了许多文章宣扬净土,这些文章后来被编为《印光法师文钞》、《嘉言录》等。

虚云(?～1959)近代禅宗名僧。俗姓萧,字德清,号幻游。清末,虚云曾在云南一带活动,他曾将云南鸡足山钵盂庵改建为护国祝圣禅寺,使鸡足山发展成为著名的佛教道场。1949年新中国成立后,曾被推为中国佛教协会的名誉会长。虚云一生说法度生,修葺大小梵刹数十所,成为近代中国佛教禅宗代表人物之一。

圆瑛(1878～1953),法名宏悟,号韬光,俗姓吴,福建古田人。1909年于宁波接待寺创办佛教讲习所,1914年任中华佛教总会参议长。1929年圆瑛与太虚共同发起成立中国佛教会,被推为会长。1953年中国佛教协会成立,被推选为第一任会长。著有《楞严经讲义》、《大乘起信论讲义》、《一吼堂诗集》、《一吼堂文集》等近20种,后合编为《圆瑛法汇》。

为什么有人说近代佛教是「居士佛教」?

明清以来,佛教日趋普及,在家居士中研习佛教的人渐渐增多,佛学发展的主流,慢慢由出家的僧侣转向在家的居士。有人称这种现象为:居士佛教。

佛教信徒,可以分为出家和在家两大类。出家的男女佛教徒即"比丘"和"比丘尼",一般称为"僧人"或"僧侣"。在家的男女信徒称为"优婆塞"和"优婆夷",在中国,一般称之为"居士"。佛教要求出家的僧徒在日常生活和宗教活动中遵守佛教戒律,为在家居士作出表率。在家居士则有义务供养出家僧众,维护佛法的流传。因此,出家者是住持佛法,在家者则是护持佛法。

清代以后,一些在家居士在佛学研究方面取得了一定成绩,并渐渐取得了主导地位。清代以后"居士佛教"逐渐抬头,清末居士中最著名的有彭绍升和杨文会等人。

❀ 河北承德普宁寺做法事的居士

普宁寺位于承德避暑山庄之北,因寺内有巨大木雕佛像,又称大佛寺。建于清乾隆二十年(1755),是清帝听经休憩的场所。

彭绍升(1740～1796),法名际清,字允初,号尺木居士,又号二林居士。江苏长洲(吴县)人,出身于一个士族家庭。他学识渊博,通宋、明理学,精通陆、王之学,对佛学也很有研究,所以他能融会儒佛思想,发挥佛教各宗教义。他主张佛、儒一致,禅、净融合,发挥净土教义,致力于净土之弘传。他曾搜集历代居士奉佛之事,作《居士传》五十六卷。还著有《居士传》、《善女人传》、《净土圣贤录》等宣扬净土信仰的著作,清以后净土宗的盛行,与彭绍升的大力弘扬有很大关系。

杨文会对近代佛教发展贡献则更大。他的思想影响了一大批人。近代史上一些著名的思想家如谭嗣同、章太炎等,以及近代在佛学研究方面有一定成就的学者和居士如桂柏年、谢无量、李证刚、梅光羲、欧阳竟无等,大多受过他的影响。

民国以来,居士研究佛教的风气更为炽烈,北方有专门研究法相唯识学的"三时学会",以韩清净为主。南方则以欧阳竟无及其弟子吕澂主持的支那内学院为主,周围聚集了一大批学有成就的学者居士。

佛教 小百科

❁ **高僧乞米图**

图绘一赤脚高僧双手捧钵做乞讨状,表现出高僧坦荡游江湖的风韵。

「大藏经」指的是什么？

所谓「大藏经」，是指佛教典籍的总汇，或者说，是整个佛经的统称。佛教典籍主要包括经、律、论三大部分，称为「三藏」。南北朝陈文帝曾下令写「一切经」，如南朝陈文帝曾下令写「一切经」，为「一切经」。隋代以后，逐渐出现「大藏经」这一名称。后来，慢慢成为所有佛典丛书的总称。

汉文佛教《大藏经》直接来源于梵文藏经，梵文原本佛经现在大部分已经不存，而汉文《大藏经》则几乎保存了梵文佛教经典的所有内容，可以说是目前世界上保存下来的内容最丰富的佛教大丛书之一。

汉文佛教经典的翻译，自汉代已经开始，经过魏晋南北朝和隋唐时代的发展，一直到宋代，前后长达一千多年。隋唐时代，佛教大小乘各派的经典基本上都已经被翻译介绍过来。据唐代智昇作的《开元释教录》中记载，当时编入佛教藏经的佛典总数已经达到一千多部，五千多卷。

唐代以前的佛经，主要依靠抄写。到了晚唐，才出现刊刻印刷的佛经，目前世界上现存最早雕版印刷的佛教经典是唐咸通九年（868）王玠为其双亲敬造普施的《金刚经》，此经于清光绪年间在敦煌被发现，后被英人掠去，现存英国伦敦博物院，这也是中国现存最早的印刷品之一。但当时还只是单部刊刻印刷的佛教经典，大部的佛教大丛书《大藏经》的刊刻和印刷，则要到公元10世纪才开始出现。

宋开宝四年（971），太祖内官张从信往益州雕刻大藏经版。这次刻经，前后费时12年（971～983），最初刻佛经五千多卷，后来又增刻一千多卷，合六百五十多帙。因刻于宋开宝年间，所以这部藏经被称为"开宝藏"，又因刻于四川，故又称"蜀版大藏"。这是中国历史上第一次刊刻大藏经。《开宝藏》经版刻成后被运至开封，保存在太平兴国寺西的印经院，后又移至显圣寺圣寿禅院。由于《开宝藏》是官刻本，所以刻工和印刷质量都较高，书法端丽严谨，雕刻精良。经本印成后，曾颁送各寺院，并曾赐日本、高丽等国，对后世有很大影响。

自此以后，宋元明清，历代官私刊刻大藏陆续不绝。据文献记载，共刻有二十余次，主要的有：《东禅寺藏》，是中国第一部民间刊刻

的佛教大藏经，由福州东禅寺住持冲真发起刊刻，因此称为《东禅寺藏》。此藏始刻于北宋神宗元丰三年（1080），至宋徽宗崇宁三年（1104）始成，故有时又称为《崇宁藏》。又因为这部大藏的刊刻，是为庆祝"圣寿"而发起劝募，因此又称《崇宁万寿藏》或《万寿藏》。

《思溪圆觉藏》，简称《思溪藏》，浙江湖州思溪圆觉禅院开雕。此藏开雕约在北宋末年，至南宋绍兴二年（1132）基本刻完。全藏五百四十八函，一千四百三十五部，五千四百八十卷。千字文编号由"天"字至"合"字。此藏的经版后于南宋淳祐年间（1241～1252）移藏于安吉州资福禅寺。

《思溪资福藏》由浙江安吉州思溪法宝资福禅寺刊刻，简称《资福藏》。此藏开雕年月不详，约完成于南宋淳熙二年（1175）。全藏五百九十九函，一千四百五十九部，五千九百四十卷，千字文编号从"天"字至"最"字。此藏版式

❀ 藏传佛教可转动的经幡

与《圆觉藏》相同，但较《圆觉藏》多五十一函。有人认为《资福藏》和《圆觉藏》实际上应该是一个版子，《资福藏》只是在《圆觉藏》的基础上增补而成，故《资福藏》实为《圆觉藏》的增刻本。但也有人主张这两部藏经是不同的刻本。资福寺后于南宋末年毁于兵火，经板全部被毁。《圆觉藏》和《资福藏》虽是民间私刻本，但它们在佛教史上的影响也很大。

《碛砂藏》，全称《平江府碛砂延圣院大藏经》。延圣院在今江苏吴县，后改名碛砂禅寺。此藏由延圣院比丘尼弘道、法尼二人发愿，僧人法忠、清圭等人先后主持。《碛砂藏》刊刻延续的时间很长，其开雕时间大约在

◎「大藏经」指的是什么？

南宋宝庆（1225～1227）至绍定（1228～1233）年间，后因延圣院火灾和南宋垂亡，刻经之事曾中断了近30年。入元后，元大德元年（1297），由松江府僧录管主八主持，又继续雕刻，到至治二年（1322）始竣工，前后断断续续共费时90多年。全藏千字文编号从"天"字至"烦"字，共五百九十一函，一千五百三十二部，六千三百六十二卷。1931年在陕西开元和卧龙两寺发现此藏，上海佛教界发起影印宋版《碛砂藏》的倡议，并为此成立了"影印宋版藏经会"。1935年，上海"影印宋版藏经会"曾用这部藏经以方册影印五百部发行。

《契丹藏》又名《辽藏》，辽代刊刻。全部共五百七十九帙，千字文编号从"天"字到"灭"字。此藏是在《开宝藏》基础上增加了当时流传于北方的一些经论译本而刻成，因此当属《开宝藏》系统。此藏以前并未发现有流传的印本，1974年时曾在山西应县木塔辽代塑像里发现辽《契丹藏》的零卷，1978年应县木塔修理时，又在塔中发现五十轴残卷，从这些残卷中可以知道此藏的版式为卷轴本，卷前有说法图扉页，这是历代大藏中最早有扉页的。此外，房山石经中保存的辽代刻大量经碑，据研究也是根据《契丹藏》翻刻的。

《赵城金藏》，1934年发现于山西省赵城广胜寺，是金代民间募刻的藏经。《赵城藏》刻成后，受到金世宗的重视。大定二十一年（1181），《赵城藏》经版运送到燕京，藏于弘法寺。

《嘉兴藏》又名《径山藏》，是明末清初的私刻本。始刻于明万历十七年（1589），开始开雕在山西五台山，万历二十年（1592）迁到浙江余杭县的径山继续刊刻。后又分散在嘉兴、吴江、金坛等地募刻，到清康熙十五年（1676）完工。此藏经版刻后即收藏于嘉兴楞严寺，由楞严寺集中刷印流通。《嘉兴藏》是会合南北藏本而以北本为主，分"正藏"、"续藏"和"又续藏"三个部分。《嘉兴藏》除了改变历来佛经沿用的摺装式装帧为轻便的线装书册式外，主要是在"续藏"和"又续藏"中收集了大量的藏外著述，内容包括疏释、忏仪、语录等。由于是民间私刻，且刻版地点分散，所以此藏的刻印本质量受到影响。但此藏所内容广博，特别是续藏中收集了大量藏外著述，所以清代学者应用此藏资料较多。

《龙藏》,又名《清藏》,全称《乾隆版大藏经》,是清代官刻版藏经。此藏于清世宗雍正(1723～1735)时勅修,雍正十一年(1733),于北京贤良寺设立藏经馆。开雕于雍正十三年(1735),乾隆三年(1738)竣工,共雕成经版七万九千多块。全藏分正、续两部分,千字文编号自"天"字至"机"字,收佛经一千六百六十九部,七千一百六十八卷。经版原存故宫内武英殿,后移藏于柏林寺,是目前为止唯一一部经版保存完整的佛教《大藏经》。20世纪90年代,曾利用保存的经版再次刷印《龙藏》五十部。 清末民初,上海曾经有过一次私版铅印本的佛教藏经,即《频伽藏》的印刷出版。1909年,上海居士罗伽陵发愿刊印佛教《大藏经》,请镇江金山寺僧人宗仰主持其事。《频伽藏》以日本弘教书院刊印的《缩刷藏》为底本,内容略有变动,以四号活字排印,于1913年出版。因由"频伽精舍"发起印刷,所以此藏全称《频伽精舍校刊大藏经》,简称《频伽藏》、《频伽精舍大藏经》。全部入藏佛经一千九百多部,八千四百多卷,分订为四百一十四册(包括目录一册),合四十函,千字文编号自"天"字至"霜"字。分类方法依《阅藏知津》编排,分大小乘经、律、论;大乘经又依次分华严、方等、般若、法华、涅槃五部。此藏是中国第一部以活字排印的大藏经,印数较多,是近代学者常用的佛教藏经。

除了上述各种版本的佛教《大藏经》之外,宋代还有《毗卢藏》,元代有《普宁藏》、《弘法藏》,明代有《洪武南藏》、永乐《南藏》、《北藏》等。

❀ 西藏扎什伦布寺的经堂

扎什伦布寺是日喀则的标志,这个宫殿如城的寺庙,是班禅的驻锡之地,也是西藏格鲁派四大寺之一。

"度牒"制度什么时候产生的？

所谓"度牒"，是指由官府发给的、证明僧人合法身份的文件，也可以说是允许僧人出家的许可证。

"度牒"制度，一般认为始于唐代。当时度牒由尚书省的祠部发出，所以又称之"祠部牒"。据《佛祖历代通载》记，唐玄宗天宝五年（公元746年），制天下度僧尼，令祠部给牒。

❋ **北京戒台寺戒台殿**

北京西山深处的戒台寺以全国最大的戒坛闻名，是一处古老的佛教寺庙，始建于唐代高祖武德五年（622），现存建筑多为明清时期的遗存。

度牒的作用，原是证明僧人的合法身份，但度牒制度产生不久，其作用就有了变化。僧人要取得度牒，除了经过一些手续之外，还要缴纳一定的"香火钱"。于是，朝廷和一些权宦、官吏，把出卖度牒作为积聚财富、搜刮钱财的手段。肃宗时，朝廷为筹措军费，采用丞相右仆射裴冕之策，下令卖官鬻爵，在各大府置戒坛度僧尼，用出卖度牒收入以充军饷。这被认为是鬻牒之始。

宋代以后，鬻牒之事越来越普遍，甚至作为朝廷的一项常年财政收入了。例如宋神宗元丰元年（1078），朝廷赐河北东路转运司度牒百道，用以购买材木，以作大名府澶州修仓之用。在宋代史料中，这种用度牒作为财政收支的记载有许多处本来作为证明僧尼身份的官方文件，在宋代常常直接被充作货币使用。

僧尼领取度牒以后，有了正式的出家资格，可以免除丁钱、徭役，或享受其他一些权利。因此，豪强权贵往往公然买卖度牒从中渔利，从而出现许多弊病。因而后来有些朝代采取一定措施对度牒的颁发加以限制。如在度僧时，对其学识加以考核，或经常对所度的僧尼加以整理、检校，发现有作弊的现象，即加以剔除等。但这些措施实际上并没有解决多大的问题，度牒制度的流弊还是存在。这一制度历代沿用，直到清代乾嘉年间以后才废止。

什么叫"清规戒律"?

"清规戒律"是佛教的"清规"和"戒律"的合称,它们是佛教僧人必须遵守的规范。

清规最早由禅宗寺院制定,用以指导寺院僧众日常行事。戒律原由佛教创始人释迦牟尼为其弟子制订,是僧众日常生活和修行实践中的道德规范和行为规则。

佛经可分为经、律、论三大部分,其中律部就是有关佛教戒律的经典。寺院僧众日常遵行的规制,就是依据这些律典,再结合当时当地的实际情况而制定的。

戒律传入中国很早。三国时有一个叫昙柯迦罗的僧人来华,译出《僧祇戒心》,相传这是戒律传入中国之始。唐代,有关戒律的研究进一步发展,形成了中国佛教的律宗。

清规则始创于公元4世纪。东晋时,释道安曾为其僧团制定"僧尼规范"三则,后来道安的弟子慧远在庐山又创"法社节度",这些都是中国佛教早期的规制。唐代以后中国佛教禅宗盛行,当时百丈怀海禅师为禅宗僧人别立规制,成为有别于传统佛教律仪的丛林新例,称《禅门规式》。因禅院僧众又称为"清众",所以这些规式也被称为"清规"。由于这些清规是由百丈怀海禅师所创,故称《百丈清规》。

一般的佛教徒,在家居士所守之戒为五戒和八戒。五戒即不杀生、不偷盗、不淫、不妄语、不饮酒。八戒亦称八关斋戒,即前五戒加上不眠坐高广大床,不涂饰打扮,不视听歌舞,不非时食。此中前八为戒,后一为斋,合称八关斋戒。出家信徒则有十戒,具足戒。十戒是初入佛门的沙弥所奉行之戒,即上述八斋戒合为九条,再加不蓄金银财物,称为十戒。具足戒即比丘戒,中国佛教按《四分律》授戒,僧众有二百五十条,尼众有三百四十八条。佛教信徒受戒要经过一定的传戒仪式,受过戒的信徒才算是真正的佛教徒。

至于清规,现在一般寺院都按照各地的实际情况,定有《共住规约》和其他一些章程,明确规定寺院僧众的办事细则。

◎佛教小百科◎

《法华经》是怎样一部佛经？

《法华经》全称《妙法莲华经》，是大乘佛教的一部重要经典，它广泛流传于中国、朝鲜、日本以及东南亚一些大乘佛教流行的国家和地区，对这些地方的佛教发展产生过重大影响。

学术界一般认为，《法华经》形成于公元1世纪左右，即大乘佛教产生的初期。此经的主要思想之一就是"叹小褒大"、"会三归一"，经中许多地方都明确指出小乘说教是"方便善权"，非究竟说，因此佛陀告诫弟子们不能满足于取得的小乘之果，并用了许多比喻来引导弟子进入大乘修行之路。由此可以推想，《法华经》产生之时，正是佛教从小乘向大乘发展的过渡时期。

《法华经》的汉译，据史料记载，先后共有六次，其中三国时吴支疆梁接所译的《法华三昧经》、西晋时竺法护的《萨芸芬陀利经》、东晋支道根《方等法华经》等三译现已亡佚，现存的三种译本是：一是西晋竺法护所译的《正法华经》，二是后秦鸠摩罗什所译的《妙法莲华经》，还有一种是隋代阇那崛多译的《添品妙法莲华经》。这三种译本中，以鸠摩罗什所译的《妙法莲华经》流行最广，影响也最大。近代以来在中亚、新疆一带，又发现了许多古代的佛经抄本，其中最多的就是《法华经》。据研究，这些数量众多的《法华经》有一部分是由英国驻尼泊尔公使霍格森（1800～1894）搜集。霍格森于1833年开始任尼泊尔公使，在尼泊尔二十多年中，搜集了大量梵文贝叶经，其中有《般若经》、《普曜经》、《金光明经》等多部，而最多的还是《法华经》。霍格森曾将一部分贝叶经送给法国的东方语学者布鲁诺夫（1801～1852），布鲁诺夫曾将其中的《法华经》译为法文于1852年出版，首次向西方介绍了这部大乘佛教经典。后来荷兰学者柯恩将其译为英文，收于马克斯·缪勒（1823～1900）主编的《东方圣典》中。

现代通行的《妙法莲华经》，多为鸠摩罗什译的七卷二十八品。前面有唐代终南山道宣律师所作的"弘传序"。序中主要介绍了此经的几种译本以及经的内容概括。本经

的名称,以"妙法"比喻佛法的微妙无穷,以"莲花"比喻佛教经典的洁白高雅。莲花是古代印度人民所喜爱的一种花,佛教常常用以作为装饰和象征。《妙法莲华经》主要运用了一些神话和譬喻故事来宣传、解释大乘佛教教义。

《妙法莲华经》各品内容大致可分这么几个部分:第一"序品"是叙述本经之缘起。主要讲佛陀在王舍城耆阇崛山为诸菩萨弟子说大乘无量义经,入无量义三昧,显种种瑞相。然后弥勒和文殊问答,以引出《妙法莲华经》。从第二"方便品"至第九"授学无学人记品",主要说明佛陀以开、示、悟、入引导众生入佛知见。用多种譬喻反复论证,赞大叹小,使众生以究竟诸法实相为大乘修行之最高目标,并为弟子授记以证实相法。从第十"法师品"至第二十二"嘱累品",基本上是赞颂《法华经》之殊胜,以及说明听闻受持《法华经》之功德。最后从"药王菩萨本事品"第二十三到"普贤菩萨劝发品",主要是以诸菩萨事迹来劝发众生对此经发起信心,从而诵读受持此经。

经的主要内容是以大量譬喻和丰富的想象力来说明大乘佛教的殊胜,全经以"开、示、悟、入"四字为总纲,具体叙述三乘归一乘的中心思想,反复论证大乘佛教的真实性和合理性。经中一再说明佛法唯有一乘,只是为了引导众生

❁ 敦煌出土西夏文《妙法莲华经》

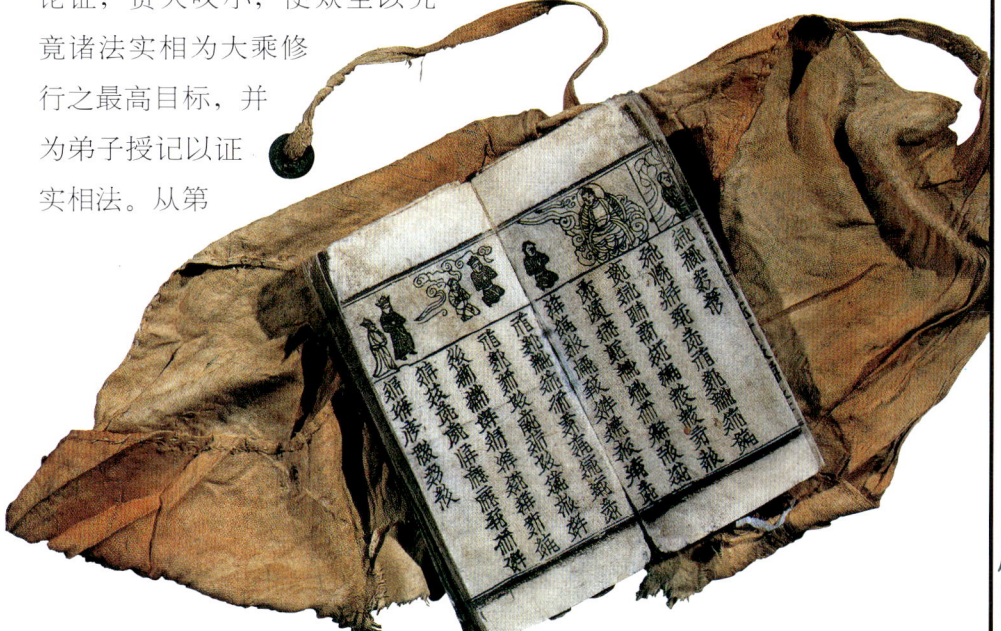

该经是中国流通最广的佛经之一,有多种文字版本,也是天台宗的立宗根本。

《法华经》是怎样一部佛经？

❋ 敦煌出土《大般涅槃经》经卷

而说三乘，因此三乘说是为了适应众生根性而作的"方便说"，而一乘法才是佛法真谛。此一乘法就是"诸法实相"，也就是真如、法性。要了解和掌握诸法实相，必须从性、相、体、力、因缘、果、报等十个方面入手，也就是经中所说的"十如是"。后来天台宗智者大师依据《法华经》关于诸法实相和十如是等教义加以发挥，形成天台宗"一心三观"的止观方法和"一念三千"的基本学说，成为天台宗教义的基础。

《法华经》对中国佛教和中国文化的影响是多方面的。经本身虽没有讲述深奥的教义教理，但是以大量通俗易懂，且带有一定文学色彩的比喻方法来说明大乘佛教诸法实相之理。因此本经在社会上流传极广。经中"常不轻菩萨品"中，蕴涵了一切众生都能成佛，都有佛性的思想，这一观点对南北朝时期佛性论的发展有一定影响。当时南北朝时竺道生"孤明先发"，在大本《涅槃经》传来之前大唱"一切众生都有佛性"的思想，在一定程度上也是受了《法华经》的启发。其次，《法华经》的流传对隋唐之际三阶教的发展和流传也有一定影响，《法华经》中所描述的修行法华者在五浊恶世所受的种种辱骂和迫害的情况，与三阶教所说末法时期情况极为相像，从而促进了三阶教的发展。此外，《法华经》所说"会三归一"的主张，对中国佛教教判的形成和发展也有一定启示作用，而本经对中国文学、艺术及民众信仰习俗的影响，特别是经中《观世音菩萨普门品》在中国民间影响之深广，更是不容忽视。

《法华经》把所有佛教学说分为"声闻"、"缘觉"、"菩萨"三乘，认为这是佛在说法时因时机和众生根性的不同所采取的一种"方便"措施。三乘最后要归于一佛乘，这一佛乘才是佛所说的真实的内容，这称为"会三归一"，"权实方便"之说。《法华经》认为众生都有"佛性"，即"佛之知见"。佛说法的主要目的，就是引导众生"开、示、悟、入"佛之知见。《法华经》思想既和《般若经》的"诸法性空"学说相通，其究尽诸法实相以及对佛的神通的宣扬，又与《涅槃经》所讲的佛身"常住不灭"，变化无尽等相结合。此外，《法华经》中还宣扬了净土信仰，因此整部《法华经》可以说是集大乘思想之大成。

由于《法华经》具有的这些特点，所以一经传入，便受到中国佛教徒的注意。两晋时代就出现了一些讲习《法华经》的学者。后来研究者陆续不断，隋代形成的中国佛教天台宗也以此经为根本经典。经中有些篇章，在中国流传极广，特别是本经的"观世音菩萨普门品"中，塑造了一位"大慈大悲，救苦救难"的观世音菩萨，在中国民间影响深远，甚至超过了释迦牟尼本身。

❀ 释迦牟尼立像

什么叫"净土三经"?

所谓"净土三经",是指佛教净土宗作为主要依据的三部经典的统称。它们是《佛说无量寿经》、《佛说阿弥陀经》和《观无量寿经》。这三部经主要是赞美阿弥陀佛的宏大誓愿,描述西方极乐世界的庄严美丽以及往生西方净土的修行方法。

《佛说无量寿经》二卷,曹魏嘉平四年(252)由康僧铠译出,又称《大无量寿经》。此经的内容,除了宣扬阿弥陀佛的功德,赞美极乐世界的美妙以外,主要叙述了阿弥陀佛成佛时所发的誓愿。据说阿弥陀佛在过去世未成佛时,曾经是一国王,后来放弃王位,出家为僧,称为"法藏比丘"。法藏比丘曾经发下四十八个大愿。其中有一个是说,如果以后他修行成佛,十方众生若想往生这一国土,只要真心信奉,并且念他的名号,就可以如愿往生,等等。净土宗的信仰基础,就是建立在阿弥陀佛的这些"愿力"的基础上的。

《佛说阿弥陀经》一卷,后秦弘始四年(402)由鸠摩罗什译出。

《阿弥陀经》与《佛说无量寿经》内容基本相似,只是此经更为简单易懂,修行的方法也更简便易行,全经只有两千多字,许多净土教徒往往把它作为早晚课诵的经典之一,因此它在一般民众中的影响更为深远广大。

《观无量寿经》一卷,南朝宋元嘉年中(424～442)由良耶舍译出。《观无量寿经》主要讲古代印度有一个叫瓶沙王的国王,由于前世因果的报应,被他儿子阿世太子幽禁,最后被钉死在狱中。他的夫人韦提希亦同样被幽闭在狱中,此时,韦提希夫人因受种种刺激而生厌离之心,求告于佛,希望能解脱此生痛苦,往生佛国净土。于是佛为她说往生西方极乐净

土的十六种观法。如观想太阳，观想大地，观想西方极乐净土的种种美妙事物，观想西方阿弥陀佛和菩萨的种种端庄妙相，等等。韦提希夫人依法修行，最后得见西方净土及阿弥陀佛。

《观无量寿经》中还讲到，按照各人的信仰程度以及修行结果，往生西方可分为三品九级，其中上品往生者，由阿弥陀佛、观世音菩

❋ **重庆大足宝顶山大佛湾第18号观无量寿佛经变像**

萨和大势至菩萨（西方三圣）亲自接引，往生西方，然后立刻或在七日之中见佛听法。下品下生者，虽然一生作恶多端，但只要临死时信奉阿弥陀佛，念诵阿弥陀佛名号，也能横超三世，往生西方极乐世界。由此大开极乐世界的门户，扩大了净土信仰在民众中的影响。

《华严经》是怎样一部经？

《华严经》全称《大方广佛华严经》,是大乘佛教的一部重要经典。在中国佛教发展史上,它是华严宗的主要思想依据。《华严经》所宣扬的思想,经华严宗阐扬发挥,后来又对宋明理学产生重大影响。

《华严经》是一部大丛书,它的形成不是一时而成。一般认为,《华严经》约形成于公元2世纪至4世纪中叶的南印度地区,后来又传播到西北印度和中印度。在整部大丛书问世之前,《华严经》的一些单品曾经作为单本的经典流行于世。自汉至唐,这类单品别译的《华严经》译本共有30多种。

唐代实叉难陀所译的《华严经》共八十卷本,三十九品,称《八十华严》或《新译华严》,卷册较为完备,且文义畅达,流行于世。

按佛教所说,《华严经》是由释迦牟尼佛的法身——毗卢遮那佛说。据经中说,毗卢遮那佛于"海印三昧"内,在莲华藏庄严世界海(毗卢遮那佛的国土即莲华藏世界),与十方世界诸佛与以普贤菩萨等为代表的无数诸大菩萨众相聚,为诸大菩萨所说。因此《华严经》所说之义,是最深奥最普遍的义理。经中的一词一句都是遍及十方世界的普遍真理;经中每一品每一会所说之义,都体现在世界上每一事物之中,深入微尘毛端刹土。为表示经中所说之理具有普遍意义,《华严经》还以"因陀罗网层层辉映"为比喻加以说明。

此经的结构是佛于"七处九会"(晋译作七处八会)说法之事。所谓"七处九会",即是说佛在天上人间的七个地方,九次宣说佛法。这七个地方是人间三处,即菩提场、光明殿和给孤独园。天上四处,即忉利天宫、夜摩天宫、兜率天宫、他化天宫。经中系统完整地解释了大乘佛教菩萨由浅入深的修行方法和步骤,以及每一个修行阶段所获得的成果境界,等等。

《华严经》在中国流传十分广泛,其教义思想对中国佛教史和中国佛教思想史的发展曾产生过深刻的影响。此经对中国佛教各宗派的形成都起过重要作用。除华严宗以《华严经》为宗经,主要阐述和发挥华严教义和华严思想之外,《华严经》的教义思想还对法相唯识学、

天台教义、净土思想的流传和发展等都有着密切的关系。此外，宋明理学的形成，与华严思想有密切关系。宋明理学的基本概念"理"，就是来源于《华严经》。

"理"是《华严经》中一个重要的概念。宋明理学讲的"理"是指"天理"，是指最高的真理；而华严宗的"理法界"、"事法界"、"理事无碍法界"等是其基本教义，当然华严宗所说的"理"，主要指的是佛性、真如，也即是最高的、终极的真理。由此可见这两者之间有着密切的关系。

华严经的中心思想是从"法性本净"观点出发，阐发法界诸法等同一味、一即一切、一切即一、无尽缘起等理论。在修行实践上依三界唯心强调解脱的关键在于心，阿赖耶识之用功，依十地而辗转增胜的普贤行愿，最终入佛地境界即清净法界。《华严经》中提出的"十方成佛"思想以及"万法唯心"之说，都是佛学理论上的重大突破。《华严经》在菩萨修行十地中的第六阶段时提出了"三界所有，唯是一心"、"十二有支，皆依一心"之说。前者扩大了众生修行成佛的范围，把成佛的修行方法扩大到一切有情，使佛教修行者都有成佛的希望。后者则是佛教人生观和世界观的重要表述。在修行理论和修行方法上，《华严经》还具体提出并描述了大乘佛教菩萨修行实践过程中经历的各个阶段以及具体行法。

此经在唐代流传极广，并出现了许多注疏，主要的如智俨《华严搜玄记》、法藏的《华严经探玄记》、《华严经旨归》、《华严一乘教义分齐章》、澄观的《华严经疏》、宗密的《华严原人论》等。

❀《华严经》卷及卷首佛说法图

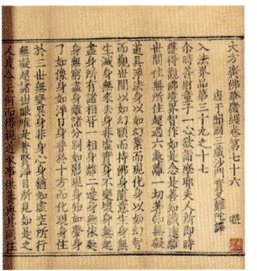

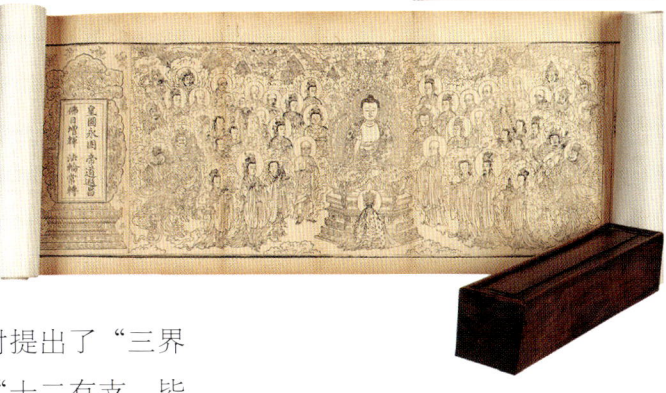

"般若经"的主要内容是什么？

"般若"是指一种特殊的智能，这种智能是佛、菩萨所具有的一种不同于凡俗之人的智慧。般若思想的主要特点，是讲"性空假有"。因此，所谓《般若经》，即是指宣扬诸法"性空假有"教义的大乘佛教般若类经典的统称。旧译作《般若波罗蜜经》，新译则为《般若波罗蜜多经》。

般若类经典，在印度出现甚早。据研究，大约在公元1世纪，大乘佛教刚刚开始形成之时，就出现了般若类经典。佛教传入中国的初期，各种《般若经》也随之传入。最早传入中国的大乘《般若经》是东汉时期支娄迦谶译的《道行般若经》。接着，三国时支谦译出《大明度无极经》，也是般若类经典中的一种。此外如《大般若经》、《大品般若经》、《小品般若经》、《金刚般若波罗密经》等，都属般若类经典。两晋南北朝时期，般若类经典被大量译出，并在社会上广泛流传。唐代玄奘所译的《大般若波罗蜜多经》六百卷，是各种《般若经》的集大成，全经分四处十六会，即佛陀分别在鹫峰山、给孤独园、他化天宫、竹林精舍四个地方举行了十六次集会说法。此经将以前所流行的各种般若类经典加以编辑整理，因此是汇集各种般若经典的一部大丛书。

《般若经》的主要思想，是宣扬诸法"性空假有"，即世间一切事物现象，都是因缘和合而成，没有实在的自性，因此称为"性空"。但性空并非虚无，虚假的现象还是存在的，这种虚假的现象，即称为"假有"。"性空"和"假有"是一个事物的两个方面，只有通过般若智慧，来观察事物，才能彻底否定世俗的认识，不为事物的假象所迷惑，从而把握佛教真理，达到觉悟的境界。

《般若经》思想传到中国后，引起了当时人们的重视。早在魏晋之际，出现了许多研究和讲习《般若经》的学者。曹魏时佛教学者朱士行，就因感到当时《般若经》的译本不完善，在讲习中发生困难，有些问题无法弄清，于是立志西行，求取般若梵本，成了中国佛教史上第一个西行求法的佛教徒。魏晋时期由研究《般若经》而形成的"般若学"，在玄学的刺激和影响下发展很快，形成了所谓"六家七宗"

◎ 北京法海寺壁画群佛图

之说。中国佛教各宗派中,以研究"性空假有"的思想学说和追求"真俗不二"的中道观为主的三论宗,直接继承了般若学的思想体系。《金刚般若经》则成为中国佛教禅宗的主要思想来源之一。其他如天台宗等,也受般若经思想的影响。由此

全殿九幅壁画共绘有77个人物,有说法的、有坐禅的,还有膜拜的,他们姿态各异,组成了一幅幅或清新或庄严的佛国仙境图。

可见,般若经典在中国佛教发展史上具有重要的地位。

《涅槃经》在中国佛教史上有什么影响？

《涅槃经》是佛教经典中一个重要部类。《涅槃经》本身有大乘和小乘之分，如西晋竺法祖所译的《佛般泥洹经》，就是小乘经典。但在中国佛教史上，却是大乘《涅槃经》的影响更为深远。

西晋以来，大乘《涅槃经》出现了几个不同的译本，其中影响最大的是北凉昙无谶译的《大般涅槃经》四十卷，此经又称《北本涅槃》。

《涅槃经》的中心，是讲"佛性"问题。所谓"佛性"问题即指人能否成佛，成佛的依据以及可能性等问题。南北朝时，中国佛教界出现了一批专门研究《涅槃经》的学者，这些人被称为"涅槃师"。魏晋时代的"般若学"主要是讲"诸法性空"的问题，要求以般若智慧观察世界，否定主观认识和客观事物的实在性。但彻底的否定，反而在思想上造成了虚无主义。在这种情况下，"涅槃佛性说"取代了般若学，成为南北朝期佛教

❀ 涅槃图

描绘佛祖侧卧于娑罗双树下涅槃圆寂的情景。

义学的一个中心问题。

宣讲"涅槃学"最著名的人物是竺道生（？～434）。与道生同属鸠摩罗什门下的慧观，也讲涅槃学，和道生成为涅槃学派中的两大系。由于他们的阐扬发挥，使"涅槃学"盛行于南北各地。中国佛教各宗派如天台宗、华严宗等，也把《涅槃经》作为佛的最高最完善的说法。

中国佛教徒的著作中，唯一被尊为"经"的是哪一部？

在佛教中，只有佛陀释迦牟尼所说的言论才被称为"经"。但是在中国佛教史上，有一部由中国僧人所作的被称作"经"的著作，就是禅宗六祖慧能口述，法海集录而成的《六祖坛经》。

《六祖坛经》，简称《坛经》。主要内容是记叙慧能的生平事迹和语录，包括他本人得法传宗以及说法教导门徒等事。《坛经》的中心思想，是宣传一切众生，都具有本自清静的菩提自性，因此学佛不必外求，一旦豁然觉悟，便能"见性成佛"。《坛经》反对当时流行的净土往生思想，认为"随其心净，即佛土净"，主张唯心净土，等等。

《坛经》一书，文字通俗，内容丰富，对中国佛教禅宗的发展起过重要作用，因此是研究禅宗思想发展的重要资料。《坛经》一书在社会上流传甚广，历代辗转传抄，并经后人重新编订改动，因此出现了一些不同的版本。这些版本详略、体例各不相同，大致而言，主要有以下几种：

一、敦煌本。20世纪初发现于敦煌文书中，系手抄本，全称《南宗顿教最上大乘摩诃般若波罗密经六祖慧能大师于韶州大梵寺施法坛经》，题为慧能的弟子法海集记。一卷本，不分品目，一般认为，这是现存各种版本的《坛经》中最古的一本。

二、惠昕本。题为《六祖坛经》。晚唐僧人惠昕据繁本删定而成，前有惠昕所写的序。后传入日本，由日本兴圣寺再加刻印，故又称"兴圣寺本"。

三、曹溪原本。全称《六祖大师法宝坛经曹溪原本》。一般认为此本曾经宋代僧人契嵩改定，因此又称"契嵩本"。一卷十品，内容比敦煌本大大增加。

四、宗宝本，由元代僧人宗宝改定。一卷，十品，为常见的流行本。此外，敦煌博物馆还收藏有原为当地名士任子宜收藏，1943年由北京大学向达先生发现的一个古写本，题为《南宗顿教最上大乘坛经》，此经可补原"敦煌本"不清和遗漏的地方，在学术上有重要价值，引起了国内外学术界的极大注意。

◎佛教小百科◎

《金刚经》是一部怎样的经？

《金刚经》全称《金刚般若波罗蜜经》，简称《金刚经》，是中国佛教非常流行的一部经典。

此经的汉译有多种译本，通行的是后秦三藏法师鸠摩罗什所译的一卷本。

《金刚经》的主要内容是说佛与长老须菩提等讲述诸法性空无相、不住相、无我相、人相、众生相、寿者相等，乃至一切法不可说不可得。菩萨修行，应远离诸相，不应住色生心，应于无所住而生其心。此经卷末："一切有为法，如梦幻泡影，如露亦如电，应作如是观"四句偈文，历来被人们称为一经之精髓，而广为传诵。这个偈文的意思是告诉人们，应当认识到，世界上一切事物都是虚幻不实，故而不应执著或留恋。

此经以空、慧为体，说一切法空无我之理，经文篇幅适中，所以历来弘传甚广。相传中国佛教禅宗六祖慧能就是因为偶尔闻人诵《金刚经》之"应无所住而生其心"一句有感，才去湖北黄梅，投五祖弘忍门下。因此本经亦为禅宗所重。

《金刚经》的注疏论释甚多。印度有无著的《金刚般若论》、世亲的《金刚般若波罗蜜经论》等。中国从东晋以来，历代注家撰述不绝。主要有僧肇的《金刚经注》一卷，隋吉藏《金刚经义疏》四卷，唐慧净的《金刚经注疏》三卷，智俨的《金刚经略疏》二卷，窥基的《金刚经赞述》二卷，慧能的《金刚经解义》二卷，宗密的《金刚经疏论纂要》二卷等。近人丁福保的《金刚经笺注》，在社会上流行也很广泛。

山西高平开化寺壁画

开化寺大雄宝殿内的壁画完成于北宋绍圣三年（1096），内容为佛像和佛经故事。是国内现存宋代面积最大的壁画。

《苏悉地经》是一部怎样的佛经？

《苏悉地经》全名《苏悉地羯罗经》。唐代善无畏译于开元十四年（726），收于《大正藏》第十八册。本经与《大日经》、《金刚顶经》同为密教三部大经之一，因此历来受到密教修持者的重视。

本经在《大正藏》中有高丽本、宋本、和本等三种版本，都是三卷，但品目略有差异。高丽本三十七品、宋本三十八品、和本三十四品。和本乃唐顺宗永贞元年（公元805年，即日本延历二十四年）时，由日本留学僧最澄请回。最澄回日本后，创日本佛教天台宗。日本台密以《大日经》、《金刚顶经》分别作为"胎藏界"、"金刚界"的两部经典，而将此《苏悉地经》则作为诠释金刚、胎藏"两部不二"深旨之经。台密并将依据此经而有之"苏悉地灌顶"，视为最极之法门。因此本经于台密更有重要意义。

"悉地"是"成就"之意，"苏悉地"即为"妙成就"，即"成就胜妙"之意。密教以此指修行密法而获之妙果。密教以住菩提心、完成正觉之位为"无上悉地"，又说获无上悉地前有"信、入地、五通、二乘、成佛"等五种悉地。《苏悉地经》主要内容是广说有关佛部、莲花部、金刚部等三部悉地成就之仪则，内容包括持诵、灌顶、祈请、护摩、成就、时分等。叙说相应于息灾、增益、降伏等作法之真言及其持诵法、持诵者之人品、供养法、灌顶法、三种护摩等密教仪轨，以及根据此等密教仪轨而来的种种成就法。

由于本经主要内容是阐明密教修行者之威仪法则等，因此《开元释教录》将此经作为"咒毗奈耶"，禁止未受法者诵读，即如显教中未受具足戒者不能听诵戒律一样，违者即为犯戒。"《苏悉地羯罗经》三卷，唐言'妙成就法'，此与苏婆呼并是咒毗奈耶，不曾入大曼荼罗，不合辄读。同未受具人盗听戒律，便成盗法。"日僧空海依此说将本经作为密教律部之戒经。密教以为，修行者在行住坐卧之中，若能常依此经，则悉地之事业较易成就。

此经之注疏主要有圆仁所著之《苏悉地羯罗经略疏》七卷。

《楞伽经》是怎样的一部经书？

《楞伽经》全称《楞伽阿跋多罗宝经》，是印度大乘佛教瑜伽行派的重要典籍，也是中国佛教法相唯识宗所依的六经之一。早期禅宗也曾以《楞伽经》为主要依经，相传菩提达摩刚来中国时传授的禅法，并未受到人们重视，他在嵩山面壁多年，后来得二祖慧可，即以四卷《楞伽经》传慧可。

此楞伽岛在印度南方的大海中，即今之斯里兰卡岛。另有人则认为"楞伽"是山名，故此名的意思是"入楞伽山而说的宝经"，有入山得宝之意。

关于本经的汉译，据有关史料说是前后共有四个本子：

第一个译本是由北凉昙无谶译出。昙无谶是中印度僧人，自幼出家，曾游历西域各国，大约于公元412年来到北凉的姑臧，至433年涉嫌被杀，十余年间，共译出《大般涅槃经》、《方等大集经》、《悲华经》等十多部。相传《楞伽经》的第一个汉译本就是昙无谶所译，但这个译本后来不久即亡佚，故我们今天无法确知此译本的具体情况。

第二个译本是由南朝刘宋时求那跋陀罗三藏法师译出，名《楞伽阿跋多罗宝经》，四卷。求那跋陀罗又名作"功德贤"，中印度人。刘宋元嘉十二年（435）由狮子国泛海来华，在广州登陆。宋文帝遣使将他迎至南京，安顿在祇洹寺。他在华三十多年间，译有佛经五十多部，在中国佛教史上影响较大的有《胜鬘经》、《楞伽阿跋多罗宝经》、《央掘魔罗经》、《杂阿含经》等。《楞伽阿跋多罗宝经》译于公元443年，参与此经翻译的人有宝云（传语）、

❀ 刘宋·求那跋陀罗译《大乘入楞伽经七卷菩萨行方便境界神通变化经三卷》

关于本经的经名，一说"楞伽"是岛名，"阿跋多罗"是"入"之意，《楞伽阿跋多罗宝经》就是"入楞伽岛"所说的宝经。至于"楞伽岛"在何处，吕澂先生在《入楞伽经讲记》中认为，楞伽岛是古代印度人对锡兰岛的称呼，因

慧观(笔受)等人,经"往复咨析,妙得本旨"。在《楞伽经》的几个汉译本中,求那跋陀罗的译本影响最大。相传达摩传四卷《楞伽》于慧可,从而开创中国佛教禅宗世系。早期禅宗僧人玄颐和净觉作《楞伽人法志》、《楞伽师资记》,以《楞伽经》的翻译者求那跋陀罗为禅宗初祖。

第三个译本为《入楞伽经》,十卷本,由北魏时菩提流支译于公元513年。菩提流支一作菩提留支,意译为"道希",北印度人,北魏永平元年(508)来洛阳,在北魏宣武帝支持下,在永宁寺翻译佛经,先后译出《入楞伽经》、《解深密经》、《十地经论》等三十余部一百多卷。

第四个译本由唐代实叉难陀译出,由吐火罗僧人弥陀山等重加勘定,称《大乘入楞伽经》,七卷。实叉难陀又是八十卷《华严经》的翻译者。他在武则天的支持下,在长安组织了很大的译场,当时许多高僧都曾参与他的译场工作。此一译本经过多番勘校润饰,最后是在中印学者共同努力之下才完成。

本经四个译本中,昙无谶译本早已亡佚,其他三个译本都在日本《大正新修大藏经》收于第十六册。求那跋陀罗所译四卷本,唯有一品,即"一切佛语心品"。菩提流支所译十卷本,分为十八品。实叉难陀译本有七卷,分为十品。三种译本中,宋译本最简略,魏唐两译本内容则有增加,所增者主要是前面的"劝请品",及后面"陀罗

❀ 唐代《妙法莲华经》经卷

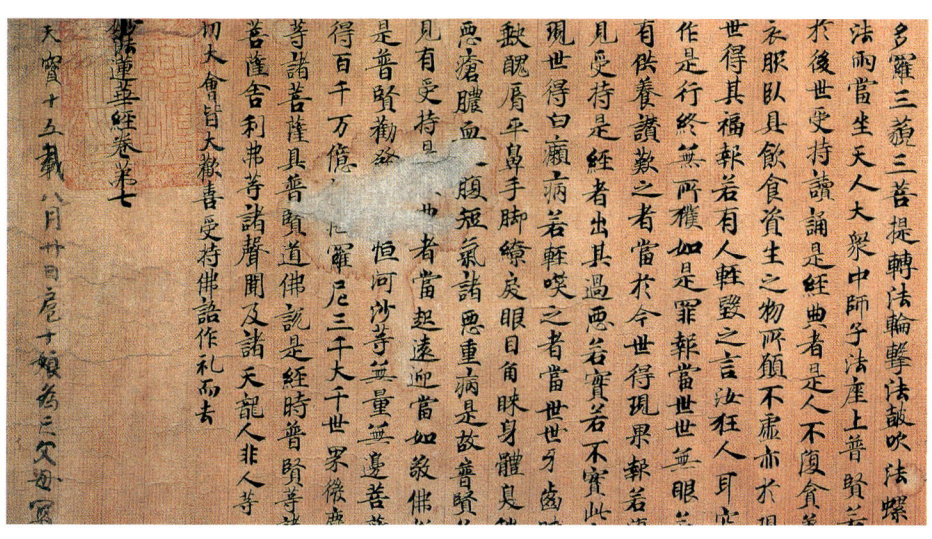

尼品"、"偈颂品"等。

现存三个译本中，以刘宋求那跋陀罗所译的本子最为流行，对中国佛教史的发展影响也最大。相传这是达摩传慧可的本子，因此还得到禅宗，特别是早期禅宗的重视。

❀ 十六国·金铜佛立像

本经的主要内容，是说佛在南海滨楞伽山顶，对以大慧菩萨为首的诸菩萨弟子等演说佛法奥义。具体大致可分为三个部分：第一相当于序分部分，即大慧向佛请问百八句义，即提出关于佛法的一百零八个问题，以为引端。其次是正说本经内容，又可分为二段，以大慧问"诸识生灭"为前段，这是略标自宗义；第二段是自大慧请说"心识法门"以下，既说自宗义，又破外道邪说，是为广成修行。第三相当于流通分，即为大慧说断肉因由、陀罗尼等文。

经中结合如来藏思想与阿赖耶识思想，宣说世界万有皆由心所造，人的认识作用之对象，不在外界而在内心。经中提出了"三界唯心"的命题，并发挥了"如来藏缘起"思想，说如来藏是"善不善因"，能遍一切，一切趣生。全经一再强调，迷的根源乃在于无始以来之无明，未能了知诸法本由自心显现，故如能彻悟意识之本性，舍离能取、所取之对立，即可进入无所分别之境界。这些思想后来成为中国佛教法相宗的主要教义，所以此经被法相宗列为宗经而受到重视。此外，《楞伽经》中还提出了修行过程中依次渐进的"四种禅法"，即

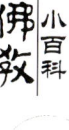

愚夫所行禅、观察义禅、攀缘如禅、如来禅等四种。这些后来对中国禅宗史的形成和发展，都有着重大的意义。

本经的注疏很多，比较重要者有菩提流支作的《入楞伽经疏》五卷、新罗元晓的《楞伽经疏》七卷、

❀ 甘肃天水麦积山石窟弹琴乐伎

隋代昙迁的《楞伽经疏》六卷、唐代智严的《楞伽经注》五卷、唐代法藏《入楞伽经玄义》一卷、宋善月《楞伽经通义》六卷、明德清《观楞伽经记》八卷等。

《大日经》是怎样一部经？

《大日经》全称《大毗卢遮那成佛神变加持经》、《毗卢遮那成佛经》、《大毗卢遮那经》等。唐代善无畏与一行等译，七卷。这是中国佛教密宗胎藏界根本经典之一。

"大毗卢遮那"，意为"大日"，大日如来是密教供奉的本尊及最上根本之佛。据佛教传说，此经是大日如来在金刚法界宫为金刚手秘密主等所说，原有广本十万颂，系龙猛菩萨入南天竺铁塔，亲承金刚萨传授后诵出。现传之七卷三千余颂经，是从十万颂中选出的精要部分。

据《开元释教录》卷九等载，善无畏三藏来到长安后，除译经外，还注意搜集访寻未译出的梵本佛典。他曾与一行禅师到达长安华严寺，从该寺秘藏的无行从印度带回来的梵本中，选取三种译出，其中之一即《大日经》略本三千颂，于开元十二年（724）奉诏译出此经前六卷，由沙门宝月译语，一行笔受，兼缀辞理。第二年，又译出善无畏自己带来的梵本（一说为善无畏自撰），是为第七卷，前后合为一经，共七卷三十六品，以前六卷三十一品为正经。

本经的主要内容，是说大日世尊在金刚法界宫，为金刚手秘密主等所说，旨在开示一切众生本有清净菩提心所具之无尽庄严藏，示以本有本觉曼荼罗为主旨，并宣说能悟入这个本有清净心的身、语、意三密方便。此经所说不出此三句法门，更以菩提即是如实知自心、众生自心即一切智，须要如实观察、了了证知等，阐扬以无所住而住其心之平等法门。

本经共计七卷三十六品，前六卷三十一品为本经之主体，第七卷五品属"供养法"。前三十一品中，第一"入真言门住心品"，为本经之序品，亦是本经的主要关键，着重阐释密教基本教义(教相)，以"菩提心为因，大悲为根，方便为究竟"三句，统释全经宗旨。阐明本经所说内容，皆不出此三句法门。第二"入曼荼罗具缘真言品"以下至第三十一"嘱累品"，乃叙述密教之各种仪轨、行法（事相）。其中如第三"息障品"主要叙述修真言者

净除内外障的方法。第七"成就悉地品"为阐明内心的悉地和修悟的方便。十一"秘密曼荼罗品"说真言行者入秘密曼荼罗的行法和三种灌顶、五种三昧耶等。第七卷五品，即从三十二至三十六品，主要叙述供养念诵三昧耶等次第法门。其中三十二"真言行学处品"主要说供养及念诵曼荼罗诸尊的行法及修此三密法应持守的戒法。三十三"增益守护清净行品"主要说修作礼、出罪等九方便等清净行。三十四"海会仪式品"说供养曼荼罗尊者的仪式作法，等等。全经于所说诸曼荼罗（坛场）中，特以大悲胎藏界曼荼罗为正式灌顶曼荼罗，故密教胎藏部即以此经为根本经典。

❋ 山西五台山龙泉寺石雕牌坊

《金刚顶经》是怎样的一部经典？

《金刚顶经》全称《金刚顶一切如来真实摄大乘现证大教王经》，略称《金刚顶大教王经》、《教王经》等。唐代不空三藏译，三卷。主要阐说密教金刚界法门之经典，与《大日经》并称为密教的两部经，收于《大正藏》第十八册。

不空是金刚智的弟子，曾参与金刚智译场，他本人也曾译过百余部密教经典，其中《金刚顶经》是最重要的一部。除不空所译的《金刚顶一切如来真实摄大乘现证大教王经》之外，本经另有两种译本，一是唐代金刚智所译的《金刚顶瑜伽中略出念诵经》，又称《略出经》，四卷，唐开元十一年（723）译出。另一是北宋施护所译之《一切如来真实摄大乘现证三昧教王经》，三十卷。

所谓"金刚顶"，金刚是指佛法，以金刚性坚利，能无坚不摧，以此喻佛法能破一切，无往不胜之意。称"金刚顶经"，就是喻此经所说之法当为"诸经中最高"的意思。据《金刚顶义诀》说：古来相传，《金刚顶经》有四个本子，一是"法尔恒说本"，这是指大日如来智慧法身常恒所说之法。二是"塔内安置本"，即无量颂广本，相传这是金刚萨埵蒙如来之教，将"恒说本"按照诸经样式，加入"五成就"而成之经典。据《金刚顶义诀》说，由于此经经箧广义如床，厚四五尺，有无量颂，置于南天竺铁塔内，因此称"塔内安置本"。三是"十万颂广本"，即龙猛菩萨从金刚萨埵所授的"十八

山西云冈石窟壁画

会"十万颂本。四是"四千颂略本",这是从十万颂中摘出之四千颂要略,相当于十八会之初会中的一部分。

十八会本中,初会有四品,即"金刚界品"、"降三世品"、"遍调伏品"、"一切义成品"。此会基本内容是略述金刚界如来入金刚三摩地、出生金刚界三十七尊、礼赞如来、建立金刚界大曼荼罗之仪则、引弟子入曼荼罗之法,及羯磨曼荼罗、三昧耶曼荼罗、法曼荼罗等。

不空所译的《金刚顶一切如来真实摄大乘现证大教王经》三卷,即是初会四品中"金刚界品"的译本。因此本经实际上是所谓广本十八会十万颂中极小的一部分。金刚智所译的四卷本《金刚顶瑜伽中略出念诵经》是十八会中初会之摘略,而施护所译的《一切如来真实摄大乘现证三昧教王经》三十卷则是十八会中初会之全译本。但现在所说《金刚顶经》一般都是指不空的译本。

历史

149

《大乘起信论》是怎样的一部书?

《大乘起信论》简称《起信论》,相传为古代印度马鸣论师所著的一部佛教论书。汉译有两个译本,一是南朝陈真谛所译的一卷本,另一是唐代实叉难陀的重译本,两卷。两个本子中以真谛译本较流行。

马鸣是公元1~2世纪印度的佛教文学家,出身婆罗门家族,家学渊源,初习外道之法,长于论辩,当时无有能及者。他曾游历各国,后来遇胁尊者,与之对论,最后被折服而皈依佛门。马鸣信奉佛法后,曾协助迦腻色迦王弘扬佛教,传布大乘学说。马鸣一生著述甚多,在现存汉文《大藏经》中,署名马鸣撰的有《大庄严经论》、《佛所行赞》、《大乘起信论》、《十不善业道经》、《六趣轮回经》、《尼乾子问无我义经》等,但近代学者则多以为除《佛所行赞》之外,其他多为托名马鸣。后秦鸠摩罗什译有《马鸣菩萨传》一卷,记述其生平事迹,收于《大正藏》第五十册。

❋ **天龙山石窟**

该石窟始建于东魏年间(534~550),北齐、隋、唐均有开凿增建,历时近5个世纪,现存有佛像500余尊,浮雕、藻井、画像1000多幅,南北朝至隋唐时期石窟艺术的不同风格特点均有所表现。

《大乘起信论》一书虽也署名马鸣造,但很早就有人对此表示存疑。隋代《众经目录》将其收入"疑惑部",谓"《起信论》一卷,人云真谛译,勘真谛录无此论,故入疑"。近代有些学者认为此书是中国南北朝时的佛教学者托名所作。本书集中反映了中国佛教学者对大乘教义的理解，因此对中国佛教发展的影响极为深远，近代此书也引起了国际学术界的兴趣，对本论的研究正在进一步深入。

《大乘起信论》全书分"因缘分"、"立义分"、"解释分"、"修行信心分"和"劝修利益分"五部分，阐述大乘佛教义理。主要思想内容是把大乘如来藏学说和唯识思想相续结合，阐明"一心"、"二门"、"三大"的佛教理论和"四信"、"五行"的修持方法。

所谓"一心"，即指如来藏心。以世界万法，无不源出于此心，故此心包含了一切世间法和出世间法。"二门"，指"心真如门"（清净）和"心生灭门"（污染）。心真如门有离言、依言两种；心生灭门分流转、还灭二门。"三大"，谓体大、相大、用大。"体"即本体，又名真如，于中一切法平等，不增不减，因此称为大；"相"即形相，又名"如来藏"，具有无量善性功德，所以称为大；"用"即功用，谓由此产生一切善因善果，为修证菩提妙觉之所由，所以也称为大。"四信"是指相信根本真如和相信佛、法、僧三宝，此为大乘佛教信仰之基础。五行，即修持布施、持戒、忍辱、精进、止观五种德行，这是大乘佛教之实践修持内容。

《大乘起信论》的中心思想是论证"如来藏"（真如）与世界万物的关系，并劝导人们信奉大乘佛教。论中认为如来藏生灭心转，是不生不灭与生灭之和合，亦为非一非异，世界万有都是"如来藏"的显现，因而提出"真如缘起"说。论中还劝导人们深信真如佛性和佛、法、僧三宝，修持布施、持戒、忍辱、精进、止观等，以获解脱。

此书结构严整，理论体系完备，文义通顺易读，解行并进，既论述了大乘佛法的思想学说，又阐述了大乘佛法的修行实践内容。因此尽管后人对此论有许多疑问，但自古以来一直受到学人之重视，被看做是修习大乘佛法的入门书。

《大乘起信论》对中国佛教各宗派教义学说的形成有很大影响，各派无不以此论作为修行入道的基础而加以传习，因此此论在中国流传极广，历代的注疏也很多。天台宗智、三论宗吉藏在他们的著述中，也都曾引用过此论。玄奘西行求法归来后，还曾将此论译为梵文传往印度。

《洛阳伽蓝记》是怎样一部书？

《洛阳伽蓝记》是北魏杨衒之所作的一部旨在记述北魏洛阳时期(495~535)佛教寺院兴废情况的著作。

杨衒之本人的生卒年月不详，生平事迹可考者甚少。据本书"自序"以及其他一些资料可知，他在北魏时曾任"抚军司马"和"奉朝请"，还曾任过郡守、秘书监等职。

北魏灭亡后，杨衒之重游洛阳，眼见昔日"招提栉比，宝塔骈罗"的洛阳寺院变成一片废墟，满目凄凉，不禁对世事变迁及国家兴衰存亡发出了内心的感慨，故而作《洛阳伽蓝记》一书。

《洛阳伽蓝记》全书分为五卷，从城内至城外，由东、南、西、北依次记叙洛阳的一些比较大的寺院四十多个，以及附记寺院四十余个。由于本书以洛阳寺院为纲目，还广泛涉及了当时社会政治、风俗习惯、人物风貌、地理沿革以及社会传闻等，因此，对我们研究北魏时期的社会状况、政治斗争、民间风俗以及北魏洛阳城市建制、街坊里巷等各方面情况，都是极为有用的资料。

河南省洛阳白马寺老山门

而且，作者杨衒之具有一定的文学才能，对事物描写引人入胜，叙事简明扼要，文笔浓丽秀逸。本书不仅是一部北魏洛阳的寺庙志，而且还是一部优秀的文学作品。

《洛阳伽蓝记》还具有很高的史料价值。书中叙述北魏统治集团内部矛盾斗争，以及北魏末期尔朱荣叛乱等事，委曲详尽，许多地方可以补正史之不足。还有，本书第五卷中保留的当时宋云、慧生出使西域的记录，是研究中亚地理历史以及中西文化交流史的重要资料。

本书自隋唐以来，为历代诸家著述所引用，在社会上流传较广。本书原分"正文"和"子注"，但是在流传过程中，正文和子注逐渐被混淆，以致后世传本一概连写，混子注入正文。此书版本，明代有如隐堂本、古今逸史本，清代有汉魏丛书本，真意堂丛书活字本等多种。今人主要有周祖谟的校释本和范祥雍的校注本。周本费时十多年，参阅各种书籍120余种，三易其稿，最后由中华书局于1963年出版。范本详加精审，广征博引，并编有多种附录，1958年由古典文学出版社出版，1978年上海古籍书店加以修订重版。

❁ 白马寺是中国的第一座佛寺，第一部汉译佛经《四十二章经》的诞生地，第一位佛僧迦叶摩胜的驻锡地。

南朝梁僧人僧祐汇编的《弘明集》是怎样一部著作？

《弘明集》是南朝梁代僧人僧祐编撰的一部佛教文集。该书共收录文章183篇，涉及人物122人，是研究中国佛教史的重要著作。

僧祐，俗姓俞，原籍彭城下邳（今江苏睢宁西北），生于建康（今江苏南京）。幼年曾入建初寺礼拜，发心乐道，最终父母同意他出家为僧，拜僧范为师。14岁，又追随宝林寺法献学习。受具足戒后，僧祐随法颖学习律部经典，悉心钻求，晨昏不懈，声名鹊起。齐竟陵王萧子良听说之后，延请他开讲戒律，听众一度达到七八百人。梁武帝时，他奉敕到吴中整顿僧伽，并讲《十诵律》，申受戒之法。他精于《十诵律》，春秋开讲，四十余年间演此律达七十余遍。作为律学大师，在齐梁时，为世人所宗仰。晚年僧祐罹患脚疾，梁武帝赐乘舆径入内殿为六宫嫔妃授戒。帝室眷属诸王多有依其受戒，尽师资之敬者。僧祐除了除精通律学外，他广探内典，披览群籍，深有所悟，多有撰述，涉及自东汉至齐梁间所译出之佛经，各代的撰述。有关于史传、僧传、行仪、杂缘者百余卷。今存世有《释迦谱》、《出三藏记集》和《弘明集》。

关于《弘明集》的编撰，与当时的社会思想有着密切的关系。汉魏时期，出家人主要是来自西域的胡人，东晋之后，中原人士出家的逐渐增多，佛教的发展逐步壮大，在政府的推崇下，佛教的传播规模空前壮大。但是，佛教思想和佛教徒的一些行为方式开始和传统的儒

✿ 慧远法师像

慧远法师俗姓李，是南北朝至隋代早期在净影寺修行的高僧。

家观念发生冲突，如"沙门还俗"、"礼敬王者"等问题逐步凸显，并引发了大范围的论战。从儒家的角度出发，儒士认为出家剃发、沙门不敬王者等，均是违反先王礼俗、国家法度的事情；而"佛陀实在"及"因果报应"等说，又和周孔之道格格不入。至宋齐之际，道家模仿佛教，著成不少伪经，想藉此通于佛教。另如慧琳的《白黑论》、顾欢的《夷夏论》、张融的《门律》等，则宣扬"道主佛从"之论。此外，齐梁间又流行"人死神灭论"，否定佛教的"识不灭论"。这些思想的冲突和论战的出现，用僧祐的话来说，就是"守文曲儒拒为异教，巧言左道则引为同法，拒有拔本之迷，引有朱紫之乱，遂令诡论稍繁、诋辞孔炽。夫鹦鹛鸣夜不翻白日之光；精卫衔石无损沧海之势。然以暗乱明，以小罔大，虽莫动毫发而有尘视听，将令弱植之徒随伪辩而长迷，倒置之伦逐邪说而永溺。此幽途所以易坠，净境所以难陟者也。"（《弘明集序》）这就是僧祐编撰《弘明集》的缘起。

❀ 灵谷寺

灵谷寺始建于南朝梁天监十三年(514)，是梁武帝为安葬名僧宝访而建立的寺院。

《弘明集》一书共分为14卷，前11卷主要是答复儒、道的批判，而彰明儒、释、道三教的异同；后3卷则积极阐释佛教教义。现择要介绍如下：

卷一收录的牟融的《牟子理惑论》和佚名所著《正诬论》。前者是中国早期论证佛教教理的著作，也是研究佛教传入我国初期历史有参考价值的重要资料。后者是作者为文驳斥世俗非难佛教禁杀生；断婚姻，使无子嗣；建寺塔；又诬以祸福为佛所作，并举笮融事佛而见杀等论，破邪显正。

卷二收录晋人宗炳的《明佛论》，又称《神不灭论》。阐明两种神不灭义，即轮回的神识不灭、法身的神识常住。此外，宗炳又结合轮回的本体神识与法身的神识，阐述人于轮回过程中渐次断除烦恼，则轮回的神识也能还复本来清净的神识，即可返还法身而成佛。

卷三和卷四主要集录《孙绰喻道论》、宗炳答何承天书《难白黑论》二篇、何承天《达性论》、颜延之《释何衡阳达性论》。这两卷的主要内容是围绕佛教的因果报应学说以及形神关系展开的辩论。

卷五收录的是罗君章《更生论》、郑道子《神不灭论》、远法师《沙门不敬王者论》（五篇）、远法师《沙门袒服论》（何充难并答）、远法师答桓玄《明报应论》、远法师因俗疑善恶无现验《三报论》。内容主要集中在形神关系、因果报应和沙门不礼敬王侯的理由。尤其是远法师的《沙门不敬王者论》，显示佛道的追求者坚守宗教真理，对于世俗的权威丝毫不让步。

卷七集录朱昭之难《夷夏论》、朱广之谘《夷夏论》、慧通法师驳《夷夏论》、僧敏法师《戎华论》。均是驳斥顾道士《夷夏论》之作。

卷八至卷十一主要集录玄光法师《辩惑论》、记室刘勰《灭惑论》、僧顺法师析《三破论》、《大梁皇帝立神明成佛义记》、《萧琛难范缜神灭论》、《曹思文难范缜神灭论》、《大梁皇帝敕答臣下神灭论》、《庄严寺法云法师与公王朝贵书》（并公王朝贵答）、《何令尚之答宋文皇帝赞扬佛教事》、《高明二法师答李交州淼难佛不见形事》、《司徒文宣王书与孔中丞稚珪释疑惑》（并笺书）、《恒标二法师答伪秦主姚略劝罢道书》、《僧䂮僧迁鸠摩耆婆三法师答姚主书停恒标奏》、《庐山慧远法师答桓玄劝罢道书》、《僧岩法师辞青州刺史刘善明举其秀才书》。

卷十二至卷十四主要收录《习

凿齿与释道安书》、《谯王书论孔释》、《张新安答》、《郑道子与禅师书论踞食》、《范伯伦与王司徒诸人书论道人踞食》、《释慧义答范伯伦书》、《范伯伦与生观二法师书》、《论踞食表》、《尚书令何充奏沙门不应尽敬》、《桓玄与八座书论道人敬事》、《桓玄与王令书论道人应敬王事》、《庐山慧远法师答桓玄书沙门不应敬王者书》、《桓楚许道人不致礼诏》、《庐山慧远法师与桓玄论料简沙门书》、《支道林法师与桓玄论州符求沙门名籍书》、《天保寺释道盛启齐武皇帝论检试僧事》、郗超《奉法要》、颜延之《庭诰二章》、王该《日烛》以及竺道爽《撤太山文》、释智静《撤魔文》、释宝林《破魔露布文》、释僧佑《弘明集后序》等文章。

《弘明集》所录文章，大部分是散文，少数用骈体，体裁不一，有专论，也有书启诏章等。其辩难，或自己设难作答，或明确辩驳论敌，

❀ **南朝梁武帝像**
梁武帝一生精心研究佛教理论，还几次入寺当和尚。

大多观点鲜明，条理清晰，文笔犀利。其中有的文章，如《达性论》、《神灭论》及《正诬论》、《驳夷夏论》、《难神灭论》等，或用形象比喻和历史故事，深入浅出地阐发抽象理论，或用整齐的句式铺陈排比，气势充沛地表述哲理的推演，议论生动，词采雅赡，发人兴味，有一定的文学性。

韩愈为什么写《谏迎佛骨表》？

韩愈是唐代古文学名家，他从维护封建统治制度的角度出发，反对当时统治者佞佛不遗余力的风气。在当时举朝竞相奉佛的情况下，韩愈能独立坚持己见，不怕触怒皇帝，冒死上书切谏，精神难能可贵。

法门寺位于陕西省扶风县城北十千米处的法门寺镇。法门寺初名"阿育王寺"，隋炀帝末年毁于战火，到了唐初又重建，改名"法门寺"。

法门寺在唐代是皇家寺院，因此在社会上有着重要影响和崇高地位。相传寺中藏有佛骨舍利，所谓"佛骨"，据说是佛的一节中指骨。相传此骨长"一寸八分，莹净如玉，以金廓棺盛之"。唐代皇室每隔几十年就要开寺迎请，将佛骨舍利迎到宫中供养。据《广弘明集》卷十五载署名为道宣所作的《略列大唐育王古塔历并佛像经法神瑞迹》中记："岐州岐山南，岐山县北二十里，法门寺塔在平原上，古来三十年一度开，开必感应。"在唐代历史上，先后曾经有过七次迎请佛骨舍利之举，最早是在唐太宗贞观五年，即公元631年时。这次开塔迎佛骨的同时，还重修法门寺，增筑了殿堂，修建了钟鼓楼。据唐宪宗元和十四年(819)敕翰林学士张仲素撰《佛骨碑》中说，唐太宗曾为之建立寺宇，施以重塔，武则天又荐以宝函加以珍藏。唐中宗、肃宗、德宗等历代帝王都曾对佛骨加以礼敬。

每次开塔迎佛骨，在当时都是一次重大的庆典活动。届时京邑内外，百姓踊跃奔腾，齐聚于京师，在佛骨舍利经过的途中，王公庶士，奔走舍施，其中也有废业破产以全部财产奉献施舍的，甚至不惜毁身残肢、烧顶灼臂而求供养者。以烧顶、燃指、灼臂等极端方式供养，是当时一些佛教徒为了表示虔诚信佛的决心，甚至不惜以身献佛的意愿。

唐宪宗元和十三年(818)，有功德使上奏朝廷，讲法门寺有护国真身塔，塔内有释迦牟尼佛指骨一节。又据说此塔应当每三十年一开，开则岁丰人安，等等。于是宪宗下诏，于次年派人前往迎接佛骨，入禁中供养三天，然后交京城

佛寺轮流供奉。此举令朝野一时震动，都人若狂，王公士庶，奔走相告，"焚顶烧指，千百为群；解衣散钱，自朝至暮；转相仿效，惟恐后时；老少奔波，弃其业次"。面对这种情况，当时刑部侍郎韩愈极不以为然，乃上表切谏，写了有名的《谏迎佛骨表》。

韩愈(768～824)，字退之，原籍河北昌黎，生于河南河阳（今河南孟县西），他幼年丧父，寄养于堂兄家。从小刻苦学习儒学，不久即通六经百家。进入仕途后，他曾任国子博士、刑部侍郎等职。在《谏迎佛骨表》中，韩愈认为，奉事佛教，希望求福，结果会适得其反。他指出，梁武帝就是因为佞佛，数次舍身佛寺，结果造成"侯景之乱"，自己也被困饿死，导致了国破身亡。韩愈从儒家正统政治思想和伦理观念出发，极力反对佛教的过分发展。他认为佛是"夷狄"，不知君臣之义，父子之情，所以是违背儒家的伦理思想原则的。他批评所谓"迎佛骨"之举是"无故取朽秽之物，亲临观之"，是自取其辱，等等。

韩愈以触目惊心的事例，尖锐深刻的语言，严厉地批评了佛教，极力劝阻宪宗迎佛骨之举，但是这触怒了崇佛极深的宪宗皇帝，韩愈为此几乎丢了性命。由于一些大臣的讨情，才算未被杀掉，但被贬为潮州刺史，"一封朝奏落九天"。

法门寺

2006年5月，法门寺遗址作为南北朝至清的古遗址，被国务院批准列入第六批全国重点文物保护单位名单。

维摩诘是怎样一个人？

维摩诘，又作"毗摩罗诘"，意为"净名"或"无垢称"。他是大乘佛教经典《维摩诘经》中的主角，是佛教传说中一个著名的在家菩萨。

据《维摩诘经》中所记，维摩诘是一个在家的居士，住在毗舍离城。家中豪富，财产无数，妻妾成群。他本人吃喝玩乐，无所不能。可是，佛经中说他精通大乘佛理，神通广大，"深入微妙，出入智度无极"。佛教认为他虽然过着世俗的贵族生活，可是却有一个高尚的精神境界，这一境界不仅超出一般出家的佛家弟子，甚至连佛教中一些著名的菩萨也及不上他。据说他之所以过着世俗的贵族生活，只是为了"善权方便"，也就是说是为了更好地运用他的身份、地位、财富和智慧来教化众生而已。因此，他虽拥有大量财产，却视为"无常"，"实无所食"。他虽然妻妾婢女围绕左右，却"远离五欲污泥"。他虽然身穿华贵的衣服，吃着精美的食物，却"内常如禅"。佛经说他曾与文殊师利等人共论佛法，宣传大乘佛教深奥精妙之理，贬斥小乘佛徒狭窄单纯的出世思想，对于维摩诘的智慧辩才，连以智慧著称的文殊菩萨也深表叹服。

《维摩诘经》一传到中国来，立即受到了中国的封建统治者，特别是南北朝时的门阀士族阶级的欢迎。据统计，从三国时支谦第一次把《维摩诘经》译出，到东晋十六国鸠摩罗什时期，大约一百五十年间，《维摩诘经》至少被翻译四次，说明这是当时非常流行的一部经。唐代著名诗人王维，字摩诘，就是因为敬仰和信奉维摩诘而用了这一名号。

在历代石窟造像以及佛教美术作品中，也多次出现以维摩诘为题材的作品。在这些作品中的维摩诘，完全是一个中国化人物，如南北朝时代的维摩诘，往往是作"清羸学病之容，凭几忘言之状"，完全是一个清谈家的形象。唐代美术作品中，如敦煌莫高窟第103窟"维摩变"壁画中的维摩诘居士，则是须眉奋张，双目炯炯有神，注视前方，整个身体略向前倾，生动地刻画了

这个智慧过人的佛教居士，正在发挥他的辩才，滔滔不绝地向文殊师利解释大乘佛法的情景。而北宋李公麟作的《维摩演教图》画的维摩诘，坐在炕上，面部略带病容，但精神矍铄，以手作势，整个画面显得安祥、宁静，唐代敦煌壁画中维摩诘的热烈气氛已完全看不到了。

总之，维摩诘一再在佛教艺术作品中出现，说明了他在中国佛教徒中是个具有一定影响的人物。

敦煌莫高窟唐代壁画维摩诘像

作为对中国影响深远的菩萨，维摩诘一直是僧俗及各学派、教派称赞的对象，其《维摩诘经》也对中国的文学、哲学影响巨大。

什么叫「菩萨」？

"菩萨"是梵文"菩提萨埵"的简称，意为"觉有情"，即指立下宏大的誓愿，要以佛所说的"真理"和"觉悟"去启发和引导世间有情众生，使众生摆脱烦恼，得到彻底的觉悟，渡过生死轮回的此岸，达到涅槃寂静的彼岸世界，也就是佛教所说的"自觉觉他"，这样一种人，便称为"菩萨"。

以求得证悟"阿罗汉"果为最高目标的"声闻乘"（小乘）和以独自悟得十二因缘的"缘觉乘"并称为"三乘"。有时又加上"人乘"和"天乘"两个部分，合称为"五乘"。

菩萨乘的经典称为"菩萨藏"，实际上就是所有大乘佛教经典的统称，与之相对的小乘佛教经典则被称为"声闻藏"。大乘佛教认为，像《法华经》、《华严经》等这样的大乘佛教经典中，都包含着大乘菩萨修行正道的方法，所以称之为"菩萨藏"。

菩萨的修行以"六度"、"四摄"为主要方法。"六度"就是六种渡过生死苦海，到达涅槃彼岸的方法。它们是：布施、持戒、忍辱、精进、禅定、般若。"四摄"就是菩萨为化导众生，使众生产生亲近和信仰佛教之心而应当做的四件事，这四件事是：一、布施摄，包括向众生施舍财物和宣讲佛法（称为法施）。二、爱语摄，按众生的各种不同情况，以慈爱的语言和态度加以劝慰。三、利行摄，做利益众生的各种事情。四、同事摄，生活和活动在众生之中，随机加以教化。

菩萨奉持的戒律称为"菩萨戒"，主要是依据《梵冈经》所说的大乘戒律，有"十重戒"和"四十八

❀ 普贤菩萨图

"菩萨"是大乘佛教信徒的修行理想和榜样。其教法以达到佛果为目的，称为"菩萨乘"，与

大乘佛教认为，修行到达最高阶段的菩萨，只要完成这最后阶段的修行，就一定能成佛。因此处于这一阶段的菩萨被称为"一生补处菩萨"。佛教中的一些大菩萨，像文殊、普贤、弥勒、观音等，都是"一生补处菩萨"。

按大乘佛教说法，十方世界有无数佛，同时也有无数菩萨，这些菩萨常住人间，以各种身份在人间随机说法，导引众生脱离苦海，解救苦难。因此，菩萨往往比佛更接近众生，更容易为众生接受和亲近。

在中国佛教中，对菩萨的崇拜有时比对佛的信仰更盛，如观世音菩萨、地藏菩萨等，在民间几乎是家喻户晓、妇孺皆知的。

❀ **文殊菩萨图**

轻戒"。从菩萨修行到最后成佛，还要经过许多阶段。这些阶段，佛教各派有多种不同说法。《华严经》将之分为十阶段，称之为"十地"。

佛经中有哪些著名的菩萨？

大乘佛教认为除了释迦牟尼佛之外，在十方世界还有无数的佛，同样也有无数的菩萨。在佛教经典中常常提到的，并且在中国民间广为流传的菩萨，主要有观世音、大势至、文殊、普贤、地藏、弥勒等诸菩萨。

大乘佛教是被称为"菩萨道"的佛教，特别重视在成佛之前菩萨阶段的修行。因此在许多大乘经典中都一再谈及一些菩萨的修行功德。

在形形色色的菩萨中，最受老百姓欢迎的，大概要算观世音菩萨了。佛教中讲到观音的经典很多，最著名的就是《法华经》中"观世音菩萨普门品"，这一品有时直接被称为《观音经》。经中详细地介绍了观音菩萨的功德，以及救灾解危的种种事迹。经中讲，观音菩萨能以各种形象出现在人们面前，帮助世人解救困难。这一说法后来又演化出各种各样变化的观音形象，有三十二相之说。

大势至菩萨又作"得大势"、

❋ 唐代壁画观世音菩萨像

"大精进"等。大势至菩萨是西方阿弥陀佛的胁侍菩萨。《观无量寿经》中记,大势至菩萨"以智慧光,普照一切,令离三涂,得无上力,是故号此菩萨名大势至。"

在中国佛教寺院,或是佛教艺术作品中,大势至菩萨往往是作为西方阿弥陀佛的胁侍菩萨,和观音菩萨一起,出现在阿弥陀佛两边。这时候,他们三个被合称为"西方三圣"。

在中国佛教寺院的大雄宝殿里,释迦牟尼佛像两边,往往有分别骑着狮子和白象的两个菩萨像,这两尊菩萨像就是文殊和普贤。文殊和普贤是释迦牟尼的胁侍菩萨。文殊菩萨全名"文殊师利",意为妙德、妙吉祥。在《法华经》、《文殊师利般涅经》中都有关于他的记载。普贤菩萨作为释迦佛的胁侍,经常以骑六牙白象的形象出现。据说他与文殊分别掌理一切佛的"理"德和"智"德。《华严经》、《法华经》中,详细叙述了普贤的功德,《法华经》还把他作为护持《法华经》行世的菩萨。

按照《地藏十轮经》等佛经的说法,地藏菩萨受释迦佛嘱托,在释迦入灭之后,未来佛弥勒降生之前的无佛时代,在天上人间以及地狱等处教化众生,拯救诸苦。受难众生只要念地藏菩萨之名,礼拜供奉,就可受其功德的救济,因此在民间地藏菩萨信仰非常流行。

记载弥勒菩萨故事的佛教经典,主要有《弥勒上生经》和《弥勒下生经》。在中国佛教造像中,以弥勒为题材的造像非常多,常常是做两脚交叉倚坐或半跏坐思维形的菩萨像,也有按《下生经》所说做佛形象的。

明永乐·铜鎏金文殊菩萨

什么是「罗汉」？

「罗汉」，即「阿罗汉」的简称，是小乘佛教修行者所取得的最高果位。佛教分大乘和小乘，它们在教义、教理、修行的目的和修行方法等各方面都有区别。

据佛教所说，修行者要达到阿罗汉果位，必须经过四个等级，最高即为"阿罗汉"果位。据说达到阿罗汉果者，已经除尽一切烦恼和疑惑，证得涅槃，得到解脱，不再进入生死轮回，应当享受人天的供养，所以"罗汉"的意思又为"应供"。

在中国佛教寺庙里，我们经常可以看到有"十六罗汉"、"十八罗汉"、"五百罗汉"的像，而且他们常常成为佛教文学艺术作品的主题。

佛教相传，十六罗汉是释迦牟尼佛的弟子，佛在去世（涅槃）之前，曾嘱咐他们要在佛灭度后守护佛法，常住世间，直到未来佛出世之后才能离开世间。因此它们没有追随佛入涅槃，而是在世间接受世人供养，为众生守护佛法。至于十六罗汉的名称，一般都是依据唐代玄奘所译《法住记》中所说。十六罗汉的传说传入汉地较早，如北凉道泰译的《入大乘论》中已讲到，但具体名称还未确定。唐代以前，社会上对十六罗汉的信奉也不普遍。唐玄奘译出《法住记》以后，民间对十六罗汉的崇奉才逐步发展。

宋元以后，对罗汉的信奉，又

从十六罗汉慢慢演变到十八罗汉，这增加的两名，有多种不同说法。一是把《法住记》的作者庆友和翻译者玄奘法师列入十八之数，一种是加上庆友和宾头卢。但宾头卢实为十六罗汉中第一宾度罗跋罗惰阇的重现，因此也有人反对此说。还有一种说法，认为应当是《弥勒下生经》中所说的"四大声闻"中的两个，即迦叶和军屠钵叹。总之是众说纷纭，各自有理。

在汉地一些佛教寺院中，建有五百罗汉堂。如北京的碧云寺，苏州的西园寺，成都的宝光寺等。关于五百罗汉的传说，在佛经中也有多种说法，一般认为是佛灭度后，有五百罗汉第一次举行集会，编纂佛教经典，此即为五百罗汉传说的起源。至于五百罗汉的名号，则是后人附会，在佛经中并无依据。

❀ 河北承德普宁寺五百罗汉

每尊罗汉均为木雕金漆，高约1.7米，雕刻精美，神态各异，喜怒哀乐皆形于色，栩栩如生。

"四大名山"是哪几座？

五台山在山西省五台县东北约四十里处，其山方圆五百余里，山的东西南北中，分布有五个高耸的山峰，峰顶平坦宽广如台，故称五台山。山上气候，盛夏不觉暑气，凉爽宜人，故又称"清凉山"，是著名的避暑胜地。晋译《华严经》中曾讲到东北方有清凉山，文殊菩萨及其一万菩萨眷属常住此山说法。又唐时所译的《文殊师利陀罗尼经》中讲，佛灭度后，赡部州东北方有大振那国，国中有五顶山，是文殊师利居住和说法之处。因此，五台山就被佛教徒作为文殊菩萨示现说法之处。据《清凉山志》记，元魏时，此山就有盛名，北齐时，已建有佛教寺院二百余所，以后历代都有大规模的修建。唐代开始，就有外国僧人来此朝拜。现在仍保存有许多佛教寺院以及大量具有重要价值的佛教文物。

峨眉山在四川峨眉县西南，相传是普贤菩萨显现瑞相的地方。山上最大的寺院万年寺，晋代初建时名普贤寺，这可能就是此山崇奉普贤菩萨的开始。宋代，这里盛传普贤菩萨在此显相，宋太宗太平兴国六年（980），又造两丈余高的普贤铜像安置于山寺中。后来历代又屡次修建寺院，于是这里逐步成为普

中国佛教有四大名山，佛教徒认为这是四个菩萨修行或显灵说法的道场。它们是：山西的五台山（文殊道场）、四川的峨眉山（普贤道场）、浙江的普陀山（观音道场）、安徽的九华山（地藏道场）。这四大名山是佛教徒集中参礼朝拜的地方。

❀ 峨眉山报国寺

报国寺位于峨眉山麓，是峨眉山佛教活动的中心。

贤道场。现今山顶光相寺，相传即为普贤菩萨显灵之处，山上有万年寺、报国寺、伏虎寺、光相寺等佛教寺院，并有铸造精美的佛教造像和许多佛教文物。

普陀山在浙江省普陀县境内，是舟山群岛中的一个小岛。相传唐大中年间(847～860)有印度僧人来此，在岛上潮音洞中见到观音菩萨显灵说法，遂传此地为观音道场。因佛经上有观音菩萨居于南印度海中"普陀洛迦山"之说，所以称此岛为普陀山，后梁贞明二年(916)，有日僧慧锷者，从五台山得观音像，渡海归国，舟行至此，受阻不能行，于是在岛上建"不肯去观音院"。北宋以后，观音信仰日盛，凡航海路经此地者，都来朝拜观音，祈祷旅途平安，于是这里作为观音道场，名闻海内外。山中以普济、法雨、慧济三大寺为中心，有大小庙堂、茅篷数百处，并有潮音洞、紫竹林、梵音洞、盘陀石、二龟听法石等名胜多处。

九华山在安徽青阳县西南，因有九峰如莲，所以名九华山。相传唐开元间，有新罗僧人金乔觉来此修行，青阳人诸葛节为其修建寺院，唐建中二年(781)赐额"化城寺"，成为全山寺院的中心。金乔觉去世后，被认为是地藏菩萨化身，称之为"金地藏"，建肉身塔以供奉，此山遂成为地藏菩萨道场，每年农历七月十五的盂兰盆节，以及七月三十地藏菩萨诞辰前后，朝山进香者日以万计。现全山有大小寺院茅篷八十余处，著名的有化城寺、祇园寺、万年寺、东岩寺等。

❂ **五台山菩萨顶**

五台山菩萨顶，又名真容院、文殊寺，是传说中文殊菩萨的居住处。

大肚弥勒像到底是谁？

在中国佛教寺院，进入山门之际，往往迎面可见一尊笑容可掬的胖大和尚塑像，光头大耳，袒胸凸肚，箕踞而坐，笑哈哈地看着进寺的人们。他敞怀喜笑的面容，与两边手持兵器、怒目相向的四大天王像构成了一种鲜明而强烈的对比。这位胖胖的、整天乐哈哈的菩萨像就是弥勒。

唐代以前的弥勒造像，大多是以菩萨形像出现，头戴宝冠，身着天衣，披璎珞。或做两脚相交倚坐之形，或做一脚自然下垂，一手扶着脸颊的半跏思维形。也有塑作佛的形相，这时与释迦佛像没有什么区别，只有从佛像题记上来区别。这是以弥勒下生以后成佛的内容为题材，依据《弥勒下生经》塑造。

总之，与那位慈目善眉，袒胸露腹，合不拢笑口的胖和尚没有丝毫相似之处。

那么，现在寺院中供奉的那尊喜笑颜开的大肚弥勒像，是何时出现的，又是按照谁的形像塑造的呢？

原来，在唐末五代，浙江奉化有个名叫"契此"的和尚，号为"长汀子"，他身材短胖，形相猥琐，言语无定，随处坐卧。经常以杖背一布袋入市，四处化缘，见物则乞，人称"布袋和尚"。据说他能示人凶吉祸福，而且非常灵验。在临终之前，曾说一偈："弥勒真弥勒，分身千百亿，时时示时人，时人自不识"，后来人们就把他作为弥勒菩萨的化身，先是在江浙一带，民间都画他的图像供奉，后又在寺院塑其形相，这就是现在寺院中大肚弥勒像的由来。契此死于后梁贞明三年（917），因此将其形象作为弥勒菩萨供奉，当是宋代以后的事情了。

❀ 布袋和尚，五代的一位高僧，法名契此，又名长汀子。以神异著称，常用杖背负一只布袋入市。

济公是否确有其人？

历史上确实有过一个被称为济公的和尚，他就是南宋时杭州灵隐寺的僧人道济禅师，民间传说中的济公活佛，就是以他为原型塑造的。

济公，是中国老百姓非常熟悉的一个人物，关于他的神异故事，几百年来广泛流传于民间，为人们茶前饭后所津津乐道。济公半狂半颠，游戏于世间人生；嬉笑怒骂，捉弄富豪恶奴；扶贫助弱，救人于危难之中，他以他的神通，仗义执言，除暴安良，深得民众的信仰和敬重。这个充满神话色彩的济公活佛，是文学家和艺术家按照民间传说塑造出来的一个艺术形象。

道济（1150～1209）是南宋僧人，俗姓李，名心远，浙江天台人，他出家于杭州灵隐寺，后常住净慈寺，是一个禅宗僧人。他的神异故事广泛流传于民间，通称济颠僧或济公。他生活落拓，不拘礼法，不守戒律，嗜好酒肉，言行类似颠狂，所以有人称他为"济颠僧"。相传净慈寺曾经遭受火灾，他到浙江桐庐一带去募化，新修净慈，使净慈寺得以恢复旧观。江浙一带民间，至今留下许多关于济公的神话传说故事，有《钱塘湖隐济颠禅师语录》记载其神异事迹。

从僧人道济到活佛济公的演化，反映了老百姓的一种愿望。在封建社会里，由于封建的压迫和剥削，劳动人民过着苦难的生活，求告无门，又无力反抗，于是就希望有这么一个能主持正义，解救危难，除暴安良的救世主出现。在佛教非常流行的中国社会，一些人就把希望寄托在佛、菩萨的身上。济公活佛的故事，正是在这样一种社会背景下产生，并广泛流传于民间的。

❁ 济公像

中国佛教有哪些主要节日?

佛教在中国的传播过程中，一些宗教仪式同传统的民间风俗习惯等相结合，形成了一些宗教节日。每逢这些宗教节日，民间或寺院都要举行一些活动。中国佛教的主要宗教节日，有佛诞节、盂兰盆会、佛成道节等。

佛诞节也称"浴佛节"，是纪念佛陀释迦牟尼诞生的节日，也是佛教最大的节日之一。在汉族地区，一般以农历四月初八为佛诞日。在这一天，佛教寺院里一般要举行"浴佛法会"，并举行诵经法会，开展拜佛祭祖等宗教活动。在中国西南的傣族、布朗族等少数民族地区，庆祝佛诞的活动则和民族传统的相互泼水祝福习俗相结合，形成"泼水节"。

盂兰盆会也是佛教最大的节日之一，是每年农历七月十五为追荐祖先亡灵而举行的法会。盂兰盆会是依据西晋竺法护所译《佛说盂兰盆经》而起。南朝梁大同四年(538)，梁武帝在同泰寺设盂兰盆斋，这是汉地最早举行的盂兰盆会。

佛成道节是纪念释迦牟尼在菩提树下悟道成佛的日子。中国汉地佛教一般以农历十二月初八为佛成道之日。中国佛教徒在佛成道日以米和果物煮粥供佛，称之为"腊八粥"。后来在社会上流传，成为一个民间习俗。

❈ 承德普宁寺大法会

僧人聚居的地方为何称做「寺」？

中国佛教僧人聚居和举行宗教活动的地方，一般称为"寺"，如："少林寺"、"法源寺"、"龙华寺"等。"寺"，原来并非专指佛寺，而是一般官署、官府的通称。汉代以来，王公所居的地方称之为"府"，九卿所住的地方称之为"寺"。

❀ 洛阳白马寺

以"寺"作为对佛教僧侣基本生活和活动场所的称呼，与"鸿胪寺"及其掌管事务有关。《大宋僧史略》讲："沙门始隶鸿胪寺也"，又说，"鸿胪寺之任，礼四夷远人也。教法初来，须就斯寺，虽同白马，终隶此司。古云僧尼是鸿胪寺者是也"。

中国汉地最早的佛教寺院，是洛阳郊外的白马寺。相传汉明帝夜梦金人，遣人西行求法，佛教传入汉地，最初来汉地的印度、西域僧人，先是下榻于鸿胪寺。后因鸿胪寺乃招待四方宾客的国家宾馆，非僧人久居之地，所以在洛阳城西雍门外另立居处，称做为"白马寺"。之所以仍以"寺"称之，是把他们看做西方来的客人，仍待之以宾客之礼。后来人们沿袭这一称呼，把僧人聚居的地方都称做"寺"了。

❀ 法门寺地宫出土舍利套函鎏金如来像

梵语称僧众居住之处为"僧伽蓝"，略称"伽蓝"。据唐代玄应《一切经音义》中解释，"伽蓝"就是"众园"，即指僧众团体居住的地方。北魏杨炫之著《洛阳伽蓝记》一书，记载北魏洛阳佛教寺院情况，可见中国也有把佛寺称为伽蓝的。

敦煌藏经洞是怎么发现的？

敦煌藏经洞是怎么被发现的？20世纪初，敦煌石窟和莫高窟藏经洞内所藏古代文书的发现，震动了世界。敦煌，一个几乎被人遗忘的地方，成了世界著名的艺术宝库。今天，世界上许多国家和地区的人们，纷纷来这里观赏、学习和研究。

古代敦煌，正处于中西交通的要道上，是中外文明的汇合点，这里曾经有过兴盛和繁荣。特别是在唐代，敦煌的经济、文化都发展到了高峰，由此形成了辉煌的古代文明。但是，这里又是古代边防要地，战争的烽火经常摧残着它，使它遭到巨大的损失和破坏。北宋初年，党项族人建立的西夏国兴起于西北。敦煌在被西夏统治时期，当地僧人将历代经卷、画卷等藏在莫高窟的一个洞窟复室里，外面用砖封住，再涂上泥墙，画上壁画。这些宝藏被秘藏以后，这些僧人都四散逃离，以后大概再也没人回来，因此这个秘密就一直被封存了下来。

此后几百年，由于海路交通的开发，这里失去了作为交通枢纽的地位，同时由于佛教势力日趋衰微，敦煌过去繁荣的景象就一去不复返了。明代以后，处于西北边陲的敦煌莫高窟十分冷落，无声无息，几乎被历史所淹没。

20世纪初，一件偶然的事情，使莫高窟的石室藏书重见天日，于是敦煌宝藏重现于世。1900年5月，一个姓王的道士在监督工人清理莫高窟北端的一个洞窟时，在通道边一堵壁画墙的裂缝处，发现了一个用泥封住的紧闭的小门。打开小门，

❀ 敦煌壁画行脚僧图

描绘了一个西来的高僧不畏艰辛，向东远行，授经传道的精神面貌。

里面是一个高约1.6米，宽约2.7米，略带长方形的复室。室中堆满了写本经卷、各种文书、织绣、绘画、法器等。其数量多到至今仍无法弄清楚，据估计总有好几万件。这些东西，包含了千百年的古代封建社会中有关政治、经济、宗教、历史、文学、艺术、社会风俗等各方面重要资料，这是一个蕴藏量极其丰富的历史文物宝藏。

这些稀世瑰宝的出现，并没有引起昏庸腐败的清政府重视。它只是下令叫县衙门清点一下，然后就地封存。贪婪而又无知的王道士，并未认真封存，相反却监守自盗。大量的无价之宝，就通过他的盗卖而流散四方。

敦煌宝藏被发现的消息，吸引了大量帝国主义分子。一时间，沙俄、英国、法国、德国、美国、日本等许多国家派出了"探险队"来此盗宝，如英籍匈牙利人斯坦因、法国汉学家伯希和、日本的大谷光瑞探险队、美国的华尔纳，等等。他们假借"考古"之名，以极低的代价买通王道士，盗走大批珍贵文物，运往国外。直到1907年，由于当时爱国学者的一再呼吁，清政府才正式拨款，命令将劫后残余的八千多卷古代文书运往北京，保存在北京的京师图书馆（北京图书馆前身）。

※ **敦煌西千佛洞**

敦煌西千佛洞位于敦煌市西，是敦煌石窟的重要组成部分，现存北魏至宋等朝洞窟22个、壁画910平方米，彩塑53身。

什么是敦煌学？

敦煌石窟的精美艺术珍品以及敦煌古代文书的发现，震惊了世界，受到国内外学者的极大关注，他们从各种专门学科的角度，对这些文物进行了深入研究，从而形成了一门新的学科，即「敦煌学」。

"**敦**煌学"，大致可包括对敦煌石窟和敦煌文书进行研究的学问。敦煌石窟和敦煌文书的研究各自具有不同的内容，自成系统，又互相补充、互相交叉，与其他一些学科，如宗教学、民族学、语言文字学、历史学、文学、艺术等有一定联系，所以，敦煌学所包含的内容是极其广泛的。现在世界上有几十个国家或地区的学者在研究这门学问，主要有中国、日本、法国、英国、德国、俄罗斯等。

"敦煌学"诞生至今，已有将近一个世纪的历史。"敦煌学"这一名词，是由著名学者陈寅恪先生提出的。可是在旧中国，由于政府的无能，敦煌石窟的艺术珍品以及珍贵的文献被大量盗至国外，一部分则散失于民间，研究工作根本无法展开，研究者也很少。敦煌学研究在中国真正开展是在20世纪的50年代以后。新中国建立后，敦煌艺术研究所改组为敦煌文物研究所，扩大了组织，增加了经费，改善了工作条件，使得学术研究渐渐繁荣，取得了很大成果。"文革"结束以后，中国的敦煌学研究达到了空前的繁荣。敦煌文物研究所扩大为敦煌研究院，加强了研究力量，在国内外学术刊物上发表了一系列有关论文。国内一些大学如北京大学、武汉大学等也对敦煌文书进行了深入研究，出版了论文集。兰州大学历史系和西北师范学院历史系分别成立了敦煌研究室和敦煌学研究所，其他一些大学还开设了敦煌学的讲习班，培养了许多从事敦煌学研究的人才。1983年8月，全国敦煌学讨论会召开，参加会议的学者达二百余人，会上发表了有关敦煌历史地理、石窟考古、敦煌文书、文学、美术、宗教、民族等各方面论文百余篇，这是有关敦煌学研究成果的一次大检阅。此后20多年来又召开了数次大规模的敦煌学研究的学术讨论会，极大地促进了敦煌学的发展。随着社会的发展，敦煌学的研究必将越来越走向繁荣。

反弹琵琶图

八思巴是怎样一个人？

八思巴（1235～1280），又作发思巴、帕思巴、拔思发等，意思是「圣者」。相传他很小就精通佛法，能讲解佛经，引起人们惊讶，认为他是神童，所以称他为「圣者」。

八思巴是中国西藏地区萨嘉人，自幼就随其伯父、西藏佛教"萨迦派"的第四代祖师萨班·贡噶坚赞(1182～1251)学习佛法。他的学识和见解深得其伯父的嘉许，因此在其伯父去世前，曾将代表自己地位的法钵和法螺等传授给他。这样，他成了藏传佛教"萨迦派"的第五代祖师。

八思巴一生，只活了40多岁。但是他一生的活动，却对中国历史和中国佛教史的发展起过非常重要的作用。他继承了伯父萨班的事业，努力巩固西藏地区和祖国中央政权的关系。他少年时，曾随从其伯父到达凉州，会见驻守在凉州的成吉思汗的孙子阔端。13世纪初期正是蒙古族在北方兴起之时，他们的联系，可以说是西藏宗教界领袖与蒙古王室建立正式接触的开端。

萨班死后，八思巴继承了他的地位，成为"萨迦派"的教主，同时也成为西藏地方势力

❀ **八思巴像**
八思巴本名罗古罗思监藏，是元朝第一代帝师、学者。

与元朝建立联系的代表人物。1253年，八思巴会见了忽必烈。自此以后，他一直追随忽必烈左右，深得忽必烈信赖。他曾为忽必烈夫妇等25人传授秘密戒法、四种灌顶。1260年，忽必烈即蒙古大汗位，封八思巴为国师，赐玉印。1264年，元朝中央政府设总制院，作为最高僧官机构，执掌全国佛教和西藏地区事务。八思巴以国师领总制院事，成为全国佛教的最高僧官，在朝廷中享有很高地位。他在进一步加强巩固当时中央政府和西藏地区的联系方面起了一定的积极作用。

元至元年间(1264～1294)，八思巴奉敕创制蒙古文字，1269年字成献上。这是一种拼音文字，书写格式一般是从右到左，直行书写。这种文字，结合了蒙、藏、汉等多种文字。后称为"八思巴文"。至今人们还可以从一些当时保存下来的钱币、碑刻或印刷品上看到这种文字。"八思巴文"制成后，元朝曾借政治力量在全国大力推行，并加封八思巴为"帝师"、"大宝法王"之号。蒙古文字的制定，推动了蒙古民族的文化发展，促进了蒙、藏、汉各民族之间的文化交流。

❋ **八思巴文铜印**

　　八思巴文是八思巴奉世祖命制定的拼音文字，脱胎于藏文字母，至元六年(1269)作为国字正式颁行，俗称"八思巴字"，主要应用于官方文件。

1280年，八思巴去世，元世祖谥为"皇天之下一人之上开教宣文辅治大圣至德普觉真智佑国如意大宝法王西天佛子大元帝师"的称号，并敕令在各郡建立帝师八思巴殿，说明了元朝廷对他的尊崇。八思巴的著作，在汉文《大藏经》中有《彰所知论》、《根本说一切有部出家授近圆羯摩仪范》等。八思巴一生对西藏与内地的文化交流作出了巨大的贡献，对佛教在西藏地区的兴盛也付出颇多，他不愧赢得藏族人民乃至全中国人民的尊敬。

藏传佛教是何时形成的？

佛教传入西藏地区，大约是在公元7世纪中叶。当时西藏吐蕃王朝的松赞干布赞普娶了尼泊尔的尺尊公主和唐朝的文成公主。这两位公主都信奉佛教，她们入藏，带去了佛教的经典法物和佛像，松赞干布在她们影响下也皈依了佛教。

从当时西藏地区社会发展情况来看，松赞干布刚刚开始用武力统一西藏，建立了吐蕃王朝，为了巩固新成立的吐蕃王朝的统治，他在内政与外交方面，采取了一系列措施。然而当时西藏各部落统一的局势很不稳定，吐蕃王朝内部的权力也相当分散，一部分守旧的贵族，利用西藏原始宗教——苯教的教义，与苯教巫师一起反对松赞干布。苯教是流行于藏族地区的一种信仰"万物有灵论"的原始多神教，苯教的巫师是人和神灵的中介，他们操纵着祭祀大权。按苯教的说法，赞普虽是天神之子，但与其他部落首领只是兄弟，没有统属关系。显然，这种原始的多神宗教已不能适应当时政治上统一形势的需要。佛教在这种社会背景下传入西藏，很快便受到松赞干布为首的吐蕃王朝的重视。

佛教传入西藏后，曾经遭到旧贵族和苯教祭师的强烈反对。他们

藏传佛教是中国佛教的一支，主要流行于中国的藏族、蒙古族、土族、裕固族等少数民族地区。其经典主要是用藏文记录，称「甘珠尔」（经）和「丹珠尔」（律）。「藏传佛教」的出家人被尊称为「喇嘛」，所以「藏传佛教」也称「喇嘛教」。

❀ 苯教神像

历史上，苯教与藏传佛教为争夺西藏正统宗教的地位争斗多年，虽然落败，但在藏北等地区至今仍有影响。

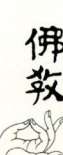

之间进行了长期的斗争,这种斗争有时非常激烈,而且几经反复。佛教曾多次遭到严重打击,甚至被完全赶出西藏,但最后终于战胜了苯教。佛教在与苯教的长期斗争中,也吸收、融合了苯教的一些教义、神祇和宗教仪式,从而形成了具有浓厚西藏地方色彩的"藏传佛教"。

佛教在西藏输入和发展的过程,大致可分为"前弘期"和"后弘期"。"前弘期"起于公元7世纪中叶的松赞干布时,相传松赞干布信奉佛教后,曾派人往印度学习梵文和佛经,回来后创造了藏文字母和文法,形成了统一的藏文,并开始供奉佛像,修建寺院。到公元8世纪,印度莲华生大师入藏,折服了原来盛行的苯教,大力传扬佛教,翻译经典,佛教此时在社会上广为流传,这是"前弘期"佛教发展最兴盛时期。到公元9世纪中叶,朗达玛赞普采取禁佛措施,封闭寺院,焚毁经像,禁止佛教流传。藏地佛教基本毁灭,"前弘期"结束。大约从公元10世纪起,佛教在西藏地区又有复兴,是谓"后弘期"的开始。到公元11世纪,印度摩揭陀地方超岩寺上座阿底峡大师经尼泊尔入藏,又大弘佛法。阿底峡著《菩提道灯论》等,宣扬大乘佛教教义,他又传授密法灌顶,指导藏族僧人仁钦桑波等翻译很多显密经论,于是佛教又逐步得到发展。在"后弘期",西藏佛教逐步形成宁玛、噶当、噶举、萨迦、格鲁等许多派别。大约在公元13世纪以后,上层喇嘛逐步掌握西藏地方政权,经过不断发展,最后终于形成了西藏地区独特的、政教合一的"藏传佛教"。

❀ 晴空下的西藏布达拉宫

"顿、渐之争"是怎么回事？

公元7世纪，佛教由中国内地和印度、尼泊尔同时向西藏输入。大乘佛教的"顿悟"说与印度僧人所说的"渐悟说"发生激烈矛盾。后来，这场争论以"顿悟"说失败而告终。

文成公主入藏时，随行的有汉族僧人，还带去了汉文佛经。据说当时拉萨有一个叫"大天寿"的汉僧曾参与了西藏佛经的翻译。到了8世纪，赤德祖丹赞普与唐联姻，娶金城公主。金城公主入藏，又带去了汉地佛教的影响。赤德祖丹及其儿子赤松德赞都曾派人去长安取经，迎请汉僧，因此汉族宗教文化对西藏宗教产生了一定影响。

当时内地佛教正是禅宗兴起之时。禅宗六祖慧能在广东曹溪开"顿悟"法门，主张"不立文字，见性成佛"的顿悟说，这种学说认为成佛不必经过长期渐进的修行，只要通过内心的观照，一旦豁然大悟，见得自性本自清净圆满，就能即身成佛。这种主张"顿悟"的佛教理论通过一些汉族僧人也传到了西藏，并且有了一定的势力。

据史籍记载，在8世纪后期赤松德赞时，有一个叫"大乘和尚"（也译作"摩诃衍那"）的汉僧，他是在吐蕃占领河西珑古以后，应吐蕃赞普之请去拉萨讲经的。他在西藏宣扬大乘佛教的"顿悟"说，认为成佛不是依靠长期的修行，主要是靠通过修行者的主观觉悟，得到内在的顿悟。同时他还主张修行者应当排除任何思虑，以无想、无得为最高修行方法。"大乘和尚"的这种宗教理论，很明显是与内地禅宗南宗的"顿悟"说一脉相承的。他所宣扬的这种学说在当时很受欢迎，当时西藏僧俗跟随他修行的人很多，连赤松德赞的一个妃子没卢氏也带贵族妇女30多人跟他受戒当了尼姑。"大乘和尚"这一派在当时被称为"顿门巴"。

但是这一派受到以寂护、莲花戒为代表的印度僧人的反对，他们认为"顿悟成佛"的说法是错误的，就像登山得一步一步往上爬，修行成佛也只有经过长期渐进的修持，才能一步一步地取得成就。他们这一派的主张被称为"渐门巴"。

由于"顿门巴"和"渐门巴"

※ 青海塔尔寺内酥油花"文成公主进藏"

塔尔寺内的酥油花、壁画和堆绣，被称为"塔尔寺三绝"。

在教义、修行方面的不同主张，因而发生了争论，两派之间矛盾斗争愈演愈烈。赤松德赞起先并不表态，后来不得不下决心来解决这场佛教内部的斗争。于是由他亲自出面召集以莲花戒为首的"渐门巴"僧人和以大乘和尚为首的"顿门巴"僧人进行公开的辩论。这场辩论，据说断断续续进行了3年之久（约792～794），这就是西藏佛教史籍上提到的所谓"顿渐之争"。在敦煌汉文经卷中，有一卷叫《大乘顿悟正理诀要》的抄本，就是记叙了大乘和尚在吐蕃的活动以及当时"顿渐之争"的情况。

这次争论，"顿门巴"一度占了上风，但后来由于各种原因，特别是赤松德赞最终表示赞同"渐门巴"的观点，于是以莲花戒为代表的"渐门巴"最后取得了胜利。

藏传佛教有哪几个主要派别？

公元11世纪中叶以后，西藏佛教开始产生一些教派，这一过程一直延续到15世纪中叶，前后共经历了300多年。西藏佛教各派中，主要有宁玛派、噶当派、萨迦派、噶举派、格鲁派。

割据势力。他们之间不断发生争权夺利的斗争。这样，处于不同势力集团下的佛教，其教义、教理的发展方向也不同，从而引起不同教派的产生。公元10世纪后半期开始，"后弘期"西藏佛教不断发展，各种显密经典都已先后被译成藏文，佛教各种思想都被介绍过来，佛教中原有的各种不同派别的教义思想也都传入西藏，这必然会影响西藏佛教的发展。

宁玛派是藏传佛教中历史最悠久的一派。它是由最早传入西藏的密教与苯教融合而产生的一个教派。该派僧人均戴红帽，故又被称为"红教"或"红帽派"。此派自称他们的教法是直接从莲华生传下，以传承前弘期所译的密教典籍为主，要比其他教派产生早300年。

噶当派是"后弘期"各教派中出现最早的一派。公元11世纪时由阿底峡的弟子仲敦巴创立。此派以阿底峡的《菩提道灯论》为基础，强调僧人必须循序渐进地修行。他们认为显教和密教是相通的，但密教更有特殊的功能。1055年，仲敦巴在聂塘主持阿底峡去世一周年纪念会，建立起第一座噶当派寺院。1056年，他受当雄一带地方头人邀请，去热振传教，在那里又建立了

❀ 青海西宁市塔尔寺八白塔

塔尔寺是藏传佛教格鲁派（黄教）创始人宗喀巴诞生地，是黄教著名寺院之一。

西藏社会自公元11世纪以后，各地开始形成了一些封建

日喀则扎什伦布寺

此寺是西藏格鲁派四大寺之一,始建于明代,是班禅四世以后班禅的宗教和政治活动中心。

热振寺,噶当派就以此为基地发展起来。公元15世纪,宗喀巴在噶当派基础上创立格鲁派,噶当派寺院都归入格鲁派,该派遂不复存在。

萨迦派是藏传佛教中影响较大的一个派别。此派创始人是贡却杰布,他曾在后藏萨迦地方建立萨迦寺,此派就被称为萨迦派。从公元13世纪中叶到14世纪中叶,此派在西藏地方占统治地位。其第五代祖师八思巴曾任元世祖忽必烈的帝师,管理过全国各地佛教事务。14世纪中叶以后,元王朝衰弱,萨迦派在政治上失去依靠,势力遂下降。该派教义主要是所谓"道果法",主张修行者断除一切常见、断见,按照一定的修行次第去学法,可获得"一切智"而成"正果"。由于此派寺院围墙上涂有红、白、蓝三色条纹,俗称"花教"。

噶举派是11世纪形成的藏传佛教教派。"噶举"是口授传承之意。这一派注意密法,多以心口相传。又因此派僧人多穿白色僧服,所以俗称"白教"。此派支系繁多,最初有香巴噶举和达波噶举两大派,后又分为"四大八小"等分支。噶举派教义主要讲"大印法",重视密宗修身方法,通过修身而进入"禅定"。噶举派分布面广,历史上对西藏政治经济有过重大影响。

格鲁派是藏传佛教中最后兴起的一个大教派,形成于公元15世纪初。格鲁派在发展过程中采用"活佛转世"制度,逐步形成达赖、班禅两大活佛世系。清代,在清政府的支持下,这一派成为西藏地方的执政教派。此派势力强大,寺院众多,最著名的有甘丹寺、哲蚌寺、色拉寺和扎什伦布寺,为四大根本道场。除此以外,青海塔尔寺、甘肃拉卜楞寺都是此派著名寺院。拉萨的布达拉宫和罗布林卡,是历代达赖喇嘛驻地。

除此以外,西藏佛教在历史上还曾有过一些小的派别,如希解派、觉宇派、觉囊派等,但规模和影响都不如上述诸派。

宗喀巴对藏传佛教有何贡献？

宗喀巴是西藏佛教史上的一个重要人物，本名罗桑扎巴。成名后，人们为了表示对他的尊崇，称他为「宗喀巴」。他所创立的藏传佛教格鲁派，是西藏佛教中势力最大的一支，后来成了执掌西藏地方政权的教派。

❁ 宗喀巴本生故事

宗喀巴少年出家，跟随噶当派的著名僧人顿珠仁钦学了9年佛经，精通显密经论。17岁以后，宗喀巴离开青海，赴西藏深造。

宗喀巴在西藏学习佛教经论和各派教义的同时，以大乘佛教中观思想为基础，综合西藏各教派流行的显密教法，以噶当派教义为基础，提出了自己的见解，开始实行"宗教改革"活动。

宗喀巴的宗教改革，是从整顿戒律入手。西藏佛教历来是传小乘佛教"说一切有部"律，从宗喀巴开始改授大乘戒律。当时各派戒律废弛，教风败坏，特别是一些上层僧侣直接参与掌握政治经济权力，享有很高的特权。针对这种情况，宗喀巴强调僧侣应严格遵守戒律，他规定僧侣严禁娶妻生子和参加生产劳动，必须常住寺院，以区别于俗人。他自己身体力行，守戒严谨。1388年，他改戴黄色僧帽，作为严守戒律的标志，宗喀巴的这些措施，得到了封建领主和地方政权的支持。

1409年，宗喀巴在拉萨举行了大规模的"祈愿法会"（传召大会）。这是一次不分教派和地区的全西藏佛教徒大集会。这次大会，奠定了他作为西藏佛教界领袖人物的地位。传召大会后，宗喀巴在拉萨东修建了甘丹寺。甘丹寺的建立标志着格鲁派的创立。

青海塔尔寺内宗喀巴金像

什么是活佛，他是如何转世的？

「活佛」在藏传佛教中指在宗教修行方面取得相当成就，能够根据自己的意愿而转世的人。后来一般称大喇嘛死后，根据转世制度而取得在寺庙中首领地位的继承人。「活佛转世」是藏传佛教中首领继承制度。它以佛教的生死轮回，灵魂转世的教义为依据，以寺庙经济关系为基础。

活佛转世过程大致是这样：一个活佛死后，按照他生前提供的线索，或由寺院上层通过占卜、降神等仪式所得出的线索，在指定的范围内去找寻符合条件的婴童，而后通过一定的方法，从中选定一个"灵童"，再经过某种宗教仪式加以确认，使他作为去世活佛的转世，在寺院中继承原活佛的宗教地位。

活佛转世制度始于13世纪"噶举派"噶玛噶举的噶玛拔希。活佛转世制度产生之前，西藏佛教各派势力大多与地方封建贵族相结合，宗教领袖与世俗贵族结合在一起，按该家族的世系传承。这样宗教和政治联合，它们之间的政治和经济利益紧密地结合在一起。这是早期西藏社会政教合一普遍采用的一种形式。13世纪时，噶举派和萨迦派为了维护各自的利益，互相斗争，他们都希望得到元朝统治者的支持。在这场斗争中，萨迦派的八思巴取得了胜利，成了元朝世祖忽必烈的帝师，萨迦派的势力也很快增长，噶举派为了维护自己的利益，以取得政治和宗教更大的权力，便决定采取活佛转世制度，噶玛拔希就是第一个得到转世的活佛，以后噶举派还形成了红帽系活佛和黑帽系活佛的转世系统。

但是，藏传佛教各寺庙广泛采用活佛转世制度，还是在宗喀巴创立格鲁派以后的事情。格鲁派戒律严格，严禁僧人娶妻，为解决宗教领袖的继承问题，巩固和发展以独立经济为基础的寺庙集团，逐步采用了活佛转世制度。当宗喀巴的再传弟子根敦嘉措死后，在1546年找来了年仅3岁的索南嘉措，作为根敦嘉措的"转世灵童"，这是格鲁派活佛。其后，格鲁派形成达赖和班禅两大活佛系统，转世制度就被格鲁派各大小寺庙普遍采用，形成了许多大大小小的转世活佛。

为了防止上层集团操纵挑选"灵童"，清代曾由中央政府规定用"金瓶掣签"法选定在理藩院注册过的大活佛，一般寺庙的活佛喇嘛则可自行寻觅转世"灵童"。

❀ 十世班禅大师生前主持法会，班禅大师左侧为赵朴初先生。

❀ 清廷册封第七世班禅金制文册

达赖和班禅的称号是怎样形成的？

达赖和班禅是藏传佛教格鲁派的两大活佛系统的称号，也是藏传佛教中影响最大的两大活佛系统的称号。在西藏佛教中，达赖喇嘛被看做是观世音菩萨的化身，因此具有很崇高的地位。在藏传佛教中，班禅活佛被看做是无量光佛的转世。

"达赖喇嘛"是蒙古语和藏语的合称。"达赖"意为"大海"，"喇嘛"意为"上师"，达赖喇嘛意思是"智德深广犹如大海能包容一切的上师"。

达赖喇嘛的称号，并不是从第一世开始就有的，而是始于第三世达赖索南嘉措（1543～1588）（前两世都是追认的）。索南嘉措出身于堆垅地方一个贵族家庭，祖上历任地方政权的官职，他的家庭一直是比较有势力的。1546年在他年仅三岁时就被作为根敦嘉措活佛的"转世灵童"，进入哲蚌寺。明万历六年（1578），索南嘉措应邀到青海会见蒙古土默特部落首领俺答汗，两人相见后索南嘉措向土默特部宣讲格鲁派教义，劝俺答汗信奉藏传佛教。出于政治上的需要，他们互相建立了关系，并互赠尊号。索南嘉措赠俺答汗"咱克喇瓦个第彻辰汗"，大意为"聪明智慧的转轮王"。俺答汗赠索南嘉措的尊号是"圣识一切瓦齐尔达喇达赖喇嘛"，意思是"在显密两教方面都取得了最高成就的、学问如大海一样的超凡入圣的大师"。这就是达赖喇嘛称号的开端。

清顺治九年（1652），五世达赖在清顺治帝邀请下赴京，受到清政府优厚款待。次年在他返藏途中，顺治派人送去金册金印，封他为"西天大善自在佛所领天下释教普通瓦赤喇怛喇达赖喇嘛"，这个封号的前一半基本上是沿用了明永乐帝册封噶举派的得银协巴为大宝法王时所用，后一部分则是沿用了俺答汗赠给三世达赖索南嘉措的尊号，自此以后达赖喇嘛的封号才正式确定。此后历世达赖转世，均须经中央政府册封，才为有效。

"班禅"是梵语和藏语的合称，意为"大学者"。以"班禅"作为历代转世活佛的称号出现较晚，形成于17世纪，是从第四世班禅扎什伦布寺主罗桑却吉坚赞开始的。

明崇祯十四年（1641），蒙古和硕特部的固始汗率军进藏，统治了卫、藏地区。为了巩固他在西藏的统治，于1645年赠给罗桑却吉坚赞"班禅博克多"的称号，自此以后，原来后藏地区习惯上用来称呼学问渊博的高僧的"班禅"称号，才成为历代转世活佛的专有称号。

"博克多"是蒙语，是对智通双全的英勇人物的尊称。于是罗桑却吉坚赞成了四世班禅（前三世均为追认）。18世纪初，由于六世达赖的兴废问题引起了蒙藏地区局势的动荡，当时统治西藏的蒙古和硕特部落拉藏汗与五世达赖的总管桑结嘉措矛盾激化。1705年杀桑结嘉措，次年又废六世达赖仓央嘉措，另立益西嘉措为六世达赖，遭到各种势力反对。康熙为了稳定局势，安定人心，于康熙五十二年(1713)，派员入藏，封五世班禅罗桑益西为"班禅额尔德尼"（"额尔德尼"是满语，意为珍宝），正式确认他的宗教地位。此后历世班禅必经中央政府册封才算有效，成为定制。

十世班禅额尔德尼·确吉坚赞

额尔德尼·确吉坚赞（1938～1989）是藏传佛"格鲁派"（黄教）两大教主之一。图为十世班禅生前在青海塔尔寺为群众摩顶祈福。

佛教小百科

历史

【组稿】
胡名正

【责任编辑】
徐丽萍　刘湘雯

【特邀审校】
慧眼文化

【文图编辑】
程慧

【装帧设计】
阮剑锋

【美术编辑】
刘晓东

【图片提供】
北京全景视拓图片有限公司
Imaginechina　Fotoe.com